Веди нас к истине

Наставления Аммы
(Шри Маты Амританандамайи)

Составитель:
Свами Джнянамритананда

Mata Amritanandamayi Center, San Ramon
Калифорния, США.

УДК 130.3:233
ББК 87.2(5Инд) + 86.331
С24

Веди нас к истине

Наставления Аммы (Шри Маты Амританандамайи)
Составитель: Свами Джнянамритананда
Перевод с англ.

Издатель:

Mata Amritanandamayi Center
P.O. Box 613
San Ramon, CA 94583
Соединенные Штаты

——————— *Lead us to Purity (Russian)* ———————

Первое издание М.А. Центра: Апрель 2016 г.

Русский сайт об Амме: www.ru.amma.org

Сайты в Индии:
    www.amritapuri.org
    inform@amritapuri.org

О Всевышний!
Веди нас от неистины к истине,
От тьмы к свету,
От смерти к бессмертию.
Ом мир, мир, мир.

Брихадараньяка-упанишада 1:3:28

Содержание

Амма (Шри Мата Амританандамайи)

Шри Мата Амританандамайи, известная во всем мире просто как Амма (Мать), – духовный лидер, общественный деятель и просветитель. Вот уже несколько десятилетий она неустанно трудится на благо мирового сообщества, делясь с ним мудростью, силой и вдохновением. Амма тронула сердца миллионов людей полными любви и самопожертвования деяниями и вдохновила тысячи человек следовать по пути бескорыстного служения.

Будучи поистине гражданином мира, Амма проводит бесплатные публичные программы в Индии и других странах Азии, в Европе, Америке, Африке и Австралии.

В своих беседах Амма дает мудрые наставления относительно самореализации, а также самых актуальных проблем современности. Амма призывает каждого из нас глубоко осмыслить происходящее вокруг и внести вклад в созидание общества, построенного на взаимном уважении и заботе друг о друге.

В завершение каждой программы Амма заключает в объятия каждого пришедшего к ней человека. Эти глубоко личные встречи занимают бóльшую часть времени Аммы. Она подарила материнские объятия, известные как *даршан*, более чем 34 миллионам человек из разных уголков земного шара. Известны случаи, когда Амма давала *даршан* более 22 часов без перерыва.

Будучи самым доступным духовным лидером из живущих в наше время, Амма, наверное, знает по имени больше людей, чем кто-либо другой. Когда люди изливают Амме душу, она дарит им утешение, дает духовные наставления и предлагает конкретные решения их проблем. Побывав в объятиях Аммы, многие ощущают вдохновение начать бескорыстно служить нуждающимся. Так это простое и одновременно исполненное силы действие – материнское объятие – стало катализатором и символом международного объединения гуманитарных инициатив, известного как *Embracing the World* («Обнимая мир»).

Объединение «Обнимая мир» кормит голодающих, строит дома для бездомных, предоставляет бесплатное лечение бедным, стипендии детям из малоимущих семей, пособия нуждающимся, содержит детские дома, школы и университет, осуществляет помощь при стихийных бедствиях и целый ряд экологических проектов.

Когда Амму спрашивают, откуда у нее берется энергия, чтобы лично принимать такое количество людей, одновременно управляя огромной благотворительной организацией, она отвечает: «Где есть любовь, там всё делается без усилий».

Предисловие

В этой книге представлены избранные послания Аммы с 1990 по 1999 гг. Через них Амма передает нам знание истины, рассматривая жизнь человека в свете духовности и подчас давая объяснения, недоступные логике. Ее слова не только помогают по-новому взглянуть на мир, но и дают вдохновение жить в соответствии с универсальными принципами. Как мать, беседующая с ребенком, Амма объясняет самые глубокие принципы простыми словами. Мы получаем ясные ответы на многие вопросы, которыми большинство из нас задавалось в тот или иной момент жизни.

Читатель заметит, что в некоторых посланиях содержатся схожие примеры и истории. Эти редкие повторения были оставлены в первозданном виде, потому что примеры, приводимые Аммой, прекрасны и замечательно вписываются к контекст, а также потому, что редакторы не хотели никоим образом изменять речи Аммы.

Каждая фраза, произнесенная Аммой, помогает нам обрести понимание высшей цели жизни и указывает, как достичь этой цели. Слова Аммы вдохновляют нас вести жизнь, исполненную смысла, во всей ее полноте.

Часть первая

Дети бессмертия

Послания Аммы по случаю дня рождения

Пусть движется стих подобно солнцу по своему пути.
Пусть внимают ему все дети бессмертия,
Даже те, которые достигли небес.

Шветашватара-упанишада 2:5

Амма смотрит на своих детей во время
празднования ее дня рождения.

Жизнь в соответствии с дхармой – источник и опора дхармы

Послание Аммы по случаю ее дня рождения, 1990 г.

На празднование дня рождения Аммы в 1990 г. приехали около 20 000 человек со всей Индии и сотни человек с Запада. К концу 90-х число участников подобных празднований выросло до 50 000.

Дорогие мои дети![1]

Амма[2] очень рада, что в ее день рождения вы так счастливы и совершаете бескорыстное служение.

Если бы не это, празднования не доставляли бы Амме особого удовольствия. Амма согласилась на всё это только ради того, чтобы ее дети были счастливы. Дорогие мои дети, Амме отрадно видеть, что вы любите друг друга и проявляете сострадание к ближним. Амме гораздо приятнее, когда вы вызываетесь почистить грязную сточную трубу, чем когда вы омываете ее стопы и поклоняетесь им. Стремитесь служить миру с такой же преданностью и пылом, какие вы выказываете, служа Амме. Подлинное поклонение стопам Аммы – это бескорыстное стремление избавить мир от страданий. Амма была бы поистине счастлива, если бы ее дети считали ее день рождения днем для утирания слез страждущих.

---

[1]   Амма называет людей своими детьми. Обращаясь к людям, она часто говорит «сын», «дочь» или «дети». – Здесь и далее прим. ред.

[2]   На языке малаялам (родном языке Аммы) «Амма» означает «Мать». Амма обычно говорит о себе в третьем лице.

Взращивайте самоотречение

Если вы любите Амму и хотите, чтобы она была счастлива, дайте обет отказываться по крайней мере от одной вредной привычки в каждый из ее дней рождения. Это докажет, что ваша любовь к Амме истинна. Если бы счастье действительно заключалось, скажем, в сигаретах, разве курение не делало бы счастливыми всех людей? Но это не так. Некоторые люди не выносят запаха сигарет, он их раздражает. Счастье не зависит от объектов – оно зависит от ума. Научившись контролировать ум, мы сможем ощущать радость без помощи внешних объектов. Так зачем транжирить деньги и подвергать опасности свое здоровье? Если вы курите, дайте обет бросить курить прямо сегодня. Деньги, которые вы таким образом сэкономите, можно потратить на обучение ребенка из бедной семьи. Если вы употребляете алкогольные напитки, дайте обет бросить пить. Зачастую люди тратят от ста до пятисот рупий на один предмет гардероба. Некоторые из вас покупают по меньшей мере десять сари в год. В этом году сократите количество до девяти, а сэкономленные деньги потратьте на лекарства для больного неимущего человека. Дети, если вы любите Амму, если вы любите Всевышнего, вы должны быть готовы к самоотречению.

Дети мои, без самоотречения невозможно познать Бога. *«Тьягенайке амритатваманашух»* – «Бессмертие достигается только через самоотречение». Для достижения любой цели необходимо от чего-то отказаться. Чтобы сдать экзамен, необходимо упорно заниматься, сосредоточившись на поставленной цели. Если мы хотим построить мост, нам необходимо работать с большим старанием и терпением. Основой успеха в любом начинании является самоотречение. Невозможно пересечь океан *самсары*[3], не обладая духом

---

3   Мир множественности; повторяющийся цикл рождения, смерти и нового рождения.

самоотречения. Без самоотречения повторение мантр не принесет никакой пользы. Сколько бы раз мы ни повторяли мантру, мы не сможем познать свое любимое божество [*ишта-дэвата*⁴], не обладая духом самоотречения. Божество явится человеку, который обладает духом самоотречения, даже если он не повторяет мантру. Все божественные существа устремятся к такому человеку и помогут ему в его труде.

Это не значит, что нам не нужно повторять мантру, – это всего лишь означает, что нам также необходимо претворять духовные принципы в жизнь. Недостаточно посеять семечко. Совершенство достигается, когда мы творим добро с самоотречением. Именно наши добрые дела свидетельствуют о степени нашего духовного роста.

Сострадание к бедным – наш долг перед Богом

Мы поклоняемся Богу в храме, совершаем обход храма и взываем: «Кришна! Кришна!» – а потом, уходя, встречаем у храма нищих, которые умоляют нас: «Помогите! Мы умираем от голода!» Но мы даже не смотрим на них. Мы говорим: «Пошли прочь!» – и уходим, не дав им ничего, даже доброго взгляда.

Жил-был человек, который не любил давать милостыню. Зная об этом, его духовный Учитель явился ему в облике нищего. Когда он пришел, его ученик делал подношения из молока и фруктов перед портретом Учителя. Учитель попросил еды, но ученик велел ему убираться прочь, огрызнувшись: «Здесь для тебя ничего нет!» Тогда Учитель явил свое истинное лицо. Потрясенный ученик простерся ниц перед стопами Учителя.

---

⁴ Божество, которое человек избирает для почитания в соответствии со своими природными склонностями и которое является объектом его устремления и высшей целью.

Мы все похожи на этого ученика. Мы любим только внешнюю оболочку. Мы не любим внутреннюю суть. Мы преподносим молоко и *пайасам* [сладкое блюдо из риса] портрету, но не даем ни гроша нищему! Амма не говорит, что мы должны щедро одаривать деньгами нищих, которые просят милостыню. Нам следует быть осмотрительными, когда мы даем им деньги, так как многие из них потратят средства на алкоголь или наркотики. Вместо денег мы можем дать им пищу, одежду и сказать несколько добрых слов. Это наш долг перед Богом. Итак, дети мои, кормите голодающих и помогайте страждущим.

Бог во всем, он пронизывает всё. Что мы можем дать Богу? Подлинная любовь и преданность Богу – не что иное, как сострадание к бедным и нуждающимся.

Дети мои, вот послание Аммы: утешайте скорбящих и помогайте бедным. Тех, кто гонит нищих прочь и огрызается на них, нельзя назвать преданными Богу. Сколько бы вы ни молились, ваши молитвы не принесут плодов, если вы причиняете вред другим людям или плохо говорите о них. Давайте скажем несколько слов утешения тем, кто приходит к нам. Давайте встретим их улыбкой. Избавьтесь от высокомерия и будьте смиренными. Даже если кто-то совершил ошибку, простите его. Всё это разные аспекты молитвы. Такие молитвы принимаются Богом.

Даже если мы повторим нашу мантру миллион раз и совершим множество паломничеств, мы не достигнем Бога, если будем испытывать неприязнь по отношению к другим людям или унижать их. Если налить молоко в грязный сосуд, это приведет лишь к тому, что молоко прокиснет. Добрые дела очищают ум.

Дети мои, Амма просит вас, а не приказывает вам – потому что Амма не может никому приказывать – дать обет отказаться от одной вредной привычки или предмета роскоши. Нет иного пути, если мы хотим, чтобы наши молитвы принесли плоды.

Необходимо прилагать все усилия для воспитания сердца, чтобы мы стали готовы помогать нуждающимся и утешать страждущих. Если мы хотим обрести широту ума, голодающим нужно давать пищу, а не осыпа́ть их бранью. Мы никогда не забудем лицо человека, пришедшего нам на помощь в трудный час.

Если наш палец случайно ткнется нам в глаз, мы не станем отрезать себе палец. Мы простим палец и станем успокаивать и утешать глаз, потому что и глаз, и рука – наши собственные. Дети мои, мы должны точно так же любить других людей и прощать их ошибки. Это и есть истинная любовь к Богу. Те, чьи сердца полны такой любви, воспримут милость Божью.

Некоторые люди приходят к Амме и говорят: «Амма, у меня столько проблем. Пожалуйста, соверши для меня *санкальпу* [волеизъявление]!» Но стоит им только выйти за пределы *ашрама* [духовного центра] и переправиться через заводь, как они направляются прямиком в винный магазин. Некоторые приходят сюда уже пьяными. Амма не сердится на них и не оспаривает их права. Амма даже совершает для них *санкальпу*, но они не могут извлечь из этого пользы. Их умы подобны камню. Их жизни полны эгоизма.

Молитва

Вы можете приезжать в *ашрам* много лет подряд, получать *даршан*[5] Аммы и творить молитвы бесчисленное количество раз, но чтобы действительно извлечь из всего этого пользу, вы должны также совершать добрые дела. Когда вы

---

[5] Традиционное значение этого слова – лицезрение святого или божества. *Даршанами* называются встречи Аммы с людьми, во время которых она принимает и благословляет каждого приходящего к ней.

приезжаете сюда, вы можете сбросить бремя, тяготеющее над вашим умом. Однако некоторые из тех, кто приезжает сюда, думают только о том, как бы поскорее вернуться домой. Что же это за самоотдача?

Амме обычно жаль ее детей, которые печалятся. Но при виде некоторых людей сердце Аммы не тает, потому что ее ум говорит: «Этот человек эгоист. Смотри, сколько денег и энергии он тратит на иллюзорные вещи. Почему Амма должна совершать волеизъявление ради людей, не способных отказаться даже от одной эгоистичной привычки?» Вот почему некоторые люди не получают желаемого. Как может Амма проявлять сострадание по отношению к тем, кто ведет абсолютно эгоистичную жизнь?

Санкальпа Аммы приносит плоды благодаря молитвам и добрым делам ее детей. Без этого дети Аммы не извлекут никакой пользы, даже если Амма совершит для них волеизъявление. Телевизионная станция передает программы, но мы можем увидеть эти программы, только если правильно настроим свои телевизоры. Так и вам необходимо настроить ум на мир Бога, чтобы извлечь [из *санкальпы*] пользу.

Постарайтесь сделать хотя бы один шаг по направлению к Всевышнему. Тогда вы увидите, сколько шагов Всевышний сделает по направлению к вам! Тем, кто избавляется от эгоизма, совершает добрые дела и правильно молится, не придется горевать. Разве вы не слышали историю про Кучелу?[6] Это не просто сказки. Это реальный жизненный опыт. И подобных случаев из жизни так много, что не перечесть!

Дети мои, вы должны молиться с любовью и преданностью. Ваше сердце должно таять в молитве. Некоторые считают, что слезы – это проявление слабости. Но проливать слезы от страстного желания узреть Бога – это вовсе не слабость. Когда свеча тает, ее сияние усиливается. Слезы – это

---

[6] См. глоссарий.

простой способ сделать ум более открытым. Слезы смывают грязь с ума, и благодаря этому мы обретаем силу.

Однако плакать из-за того, что нереально, – проявление слабости. Это лишает нас силы. Проливать слезы, переживая о вещах, которые мы хотим приобрести, – это слабость. Вы растрачиваете всю силу на слезы, и как раз в тот момент, когда вы достигаете желаемого, вас подкашивает болезнь.

Если вы поранились, приложите к ране лекарство. Бессмысленно просто плакать. Некоторые родители страшно беспокоятся по поводу устройства брака своих детей. Не в состоянии уснуть, такие родители глотают снотворное, а в день свадьбы выясняется, что отец или мать попали в больницу. Амма видит множество таких людей, ум которых слаб. Некоторые беспокоятся по поводу строительства дома. К тому моменту, как дом достроен, владелец даже не может обойти вокруг него, потому что с ним случился сердечный приступ. Большинство людей сегодня теряют энтузиазм, энергию и здоровье из-за волнения о многих мирских вещах. Это слабость. С другой стороны, когда мы плачем из-за томления по Богу, мы обретаем энтузиазм, энергию и покой.

Цель веры в Бога и молитвы не в том, чтобы попасть на небеса после смерти. Некоторые люди утверждают, что духовные Учителя и *ашрамы* распространяют суеверия и предназначены только для заблудших людей. Но те, кто делают подобные заявления, не понимают истины; им не хватает проницательности. Заблудшими являются их собственные умы. Духовные Учителя показывают нам, как превозмочь умственную слабость, как сделать так, чтобы жизненная гармония не нарушалась. *Ашрамы* являются центрами, которые передают эти знания.

В строительстве для укрепления бетона используются стальные стержни. Без них здания рухнут. Веру в Бога можно сравнить с этими стержнями. Вера укрепляет наши слабые умы. Если мы будем иметь веру, то не станем плакать из-за иллюзорных вещей и не будем сходить по ним с ума.

Каждый день в газетах можно прочесть о том, что люди совершают самоубийства. Причина большинства этих смертей не имеет ничего общего со здоровьем или благосостоянием – она кроется в недостатке умственной силы. Мы избавимся от умственной слабости, если сможем взрастить в себе настоящую веру в Бога. Если человек обладает верой, его ум успокаивается. Тогда человек обретает способность преодолевать трудности, и они уже не могут его сломить.

Итак, дети мои, примите прибежище во Всевышнем, в Боге. Будьте обладателями хорошего ума, и тогда вам не придется горевать – всё, в чем вы нуждаетесь, придет к вам само. Если этого не случится, скажите об этом Амме! Это обязательно произойдет. Амма говорит это на основании собственного опыта.

Проявляйте умеренность

Большинство детей Аммы сразу после приезда сюда [в *ашрам*] начинают думать о том, как бы поскорее вернуться домой. Они беспокоятся о том, чтобы успеть на автобус. Сразу после встречи с Аммой они торопятся поскорее поклониться и несутся домой. Многие твердят только одно: «Амма, дома никого нет, так что нам нужно сразу уезжать. Скоро отправляется автобус». Самоотдача совершается не на словах – она проявляется в наших действиях. Эти дети не способны полностью предать себя высшей Истине, даже на один день, когда они находятся здесь. Даже если они встречаются с Аммой, воистину редки те, кто не только обращаются к Амме с жалобами и просьбами, но и ищут путь к Богу. Это не значит, что мы должны пренебрегать мирскими вещами, но нам следует признать их непостоянство. Дети мои, хоть мы и гонялись за мирскими объектами всё это время, отказывая себе в сне и пище, это принесло нам лишь страдания.

Не забывайте об этом. Отныне, посещая храм или *ашрам*, посвящайте немного времени только Богу. Оставьте свои привязанности, хотя бы на это время.

Жил-был царь, который решил отречься от престола и вести жизнь *ванапрастха*.[7] Он пожелал раздать всё свое богатство подданным. Каждому он давал то, что тот просил. Однажды к царю пришел молодой человек, который поведал ему о своих многочисленных проблемах. Царь дал ему большое состояние, но молодой человек остался неудовлетворенным. Когда он отправлялся во дворец, жена сказала ему: «Возвращайся только после того, как выжмешь из царя всё, что можно». Видя жадность молодого человека, царь сказал: «Здесь есть река, в которой растут драгоценные кораллы, и ты можешь завладеть ею». У молодого человека перехватило дыхание. Царь продолжал: «Есть только одно условие. Тебе будет дано ровно двенадцать часов. Возьми лодку, отплыви на ней настолько далеко, насколько сможешь, и возвращайся назад. Ты получишь ту часть реки, которую преодолеешь, и все кораллы, которые там есть, будут твоими. Но если ты опоздаешь хоть на секунду, то не получишь ничего». Молодой человек согласился. В назначенный день по обоим берегам реки собрались толпы народу, чтобы посмотреть, как он будет грести. Жена и друзья уговаривали его во что бы то ни стало завладеть всей рекой. Они твердили о том, как он возвеличится, если станет обладателем таких несметных богатств. Придя в большое возбуждение, молодой человек принялся грести. Он греб шесть часов, а потом, от жадности, решил продолжать двигаться вперед. Прошло еще два часа. Теперь на возвращение в исходную точку оставалось всего четыре

---

[7] Традиционно в Индии выделяют четыре жизненных этапа. *Ванапрастха* – третий из них. Когда дети становятся достаточно взрослыми, чтобы самостоятельно заботиться о себе, родители удаляются в место уединения или *ашрам*, где ведут духовный образ жизни и совершают духовную практику. Подробнее см. глоссарий.

часа. Ему предстояло преодолеть расстояние, пройденное за восемь часов, за половину этого времени. Молодой человек принялся грести очень быстро. Жена и друзья подбадривали и подгоняли его, выкрикивая: «Все твои усилия пропадут зря, если ты опоздаешь хоть на секунду! Поторапливайся! Греби быстрее!» Время почти вышло, а до места, откуда он стартовал, было еще далеко. Молодой человек греб изо всех сил. Внезапно он почувствовал боль в груди, но, несмотря на это, продолжал грести. Прижав одну руку к груди, он греб другой. Усталость нарастала. Он стал харкать кровью, но не останавливался – такой сильной была его жажда богатства. В конце концов, ему удалось прибыть в исходную точку за одну секунду до назначенного времени. Его жена и друзья принялись плясать от радости. Однако молодой человек упал навзничь и испустил последний вздох.

Теперь перед его женой встала проблема: как доставить тело домой? Дом был далеко, и требовалось какое-то средство передвижения. Жена сказала: «Всё равно он уже мертв. Чтобы довезти тело до дома, мне придется заплатить за его перевозку. Мне нужно растить детей – у меня нет денег на транспорт. Так что похороним его здесь. Этого будет довольно». Итак, для молодого человека всё закончилось тем, что он оказался на расстоянии шести футов под землей. Никто не сопровождал его. Ни его жена, ни друзья, которые уговаривали его завладеть незаслуженным богатством, ни дети – никто не пошел вместе с ним. И богатство тоже. Такова жизнь, дети мои! Люди живут, не давая своему уму ни мгновения покоя. Они постоянно беспокоятся о семье и благосостоянии и часто прибегают к недобросовестным средствам получения мирского богатства. Но смогут ли они что-то взять с собой, когда придет конец? Нет.

Страдание возникает в тот момент, когда рождается желание обладать мирскими объектами. Даже если наши желания удовлетворяются, вскоре нас ждет страдание, так как мирские объекты непостоянны. Мы потеряем их, если не сегодня, то завтра. Бог – единственный источник постоянного покоя. Можно избежать страданий, если осознать, что материальные удовольствия преходящи, и жить соответственно. Амма не говорит, что вам не нужны деньги или мирские объекты. Путь их будет у вас достаточно, чтобы удовлетворить ваши потребности, но не более того. Осознавайте то, что вечно и приносит покой, и стремитесь достичь этого. Рай и ад существуют прямо здесь, на этой земле. *Наш ум творит либо рай, либо ад.* Поэтому необходимо властвовать над умом. Тогда нам не придется горевать. Будет одно лишь блаженство, блаженство, блаженство.

Амма после пада-пуджи во время
празднования ее дня рождения

Истинная преданность – преданность Божественному принципу

Послание Аммы по случаю ее дня рождения в 1991 г.

Дети мои, закройте глаза и успокойте ум. Отпустите все мысли и сосредоточьте внимание на стопах вашего любимого божества. Не думайте ни о доме, ни о работе, ни о том, чтобы успеть на обратный автобус. Думайте только о своем любимом божестве. Оставьте пустые разговоры и повторяйте имя Божье. Сколько бы воды вы ни лили на ветви дерева, это не принесет никакой пользы. Но если вы будете поливать корни, вода достигнет всех частей дерева. Поэтому сосредоточьтесь лишь на стопах Господа, ведь думать о чем-то ином так же бесполезно, как лить воду на ветви деревьев.

Если ваша лодка привязана к берегу, вы не сможете переправиться через реку, как бы сильно ни гребли. Если во время молитвы ваш ум привязан к семье и собственности, вы не извлечете из молитв пользы, сколько бы ни молились. Поэтому, когда вы молитесь, пусть ваш ум полностью отдастся Богу. Дети мои, только такие молитвы принесут плоды.

В мире духовности нет рождения и смерти. В тот день, когда у нас исчезнет представление о том, что мы рождаемся, мы достигнем врат, ведущих к Богу. Царство Всевышнего находится за пределами жизни и смерти.

Амма согласилась на эти празднования только для того, чтобы сделать своих детей счастливыми. Это время, когда проявляется ваше самоотречение, любовь и чувство равенства. Более того, у Аммы появляется возможность видеть вас всех вместе.

Те, кто приехали сюда, не должны уезжать, ничего не сделав. Возвращайтесь домой только после того, как посвятите некоторое время повторению мантры и медитации. Духовная практика – наше единственное истинное богатство, поэтому Амма просит вас совершать *арчану*.[8]

Из-за того что Амма придает большое значение молитве, некоторые пренебрежительно относятся к нашему пути, воспринимая его как путь преданности [*бхакти*]. Они считают преданность чем-то неглубоким. Некоторые отрицают существование Бога. В представлении других Бог не имеет формы и качеств. Такие люди обычно считают преданность слабостью. Действительно, поклонение многим разным богам или злым духам – не что иное, как слепая преданность. Истинная преданность учит нас видеть единое, всепроникающее высшее начало в себе и во всём.

Жил-был человек, которого все считали очень преданным Богу. Однажды рано утром к нему в гости пришел один из его друзей. Посетителю сказали, что хозяин дома занят поклонением Господу Ганеше. Через какое-то время посетитель спросил, не освободился ли его друг, и узнал, что теперь тот совершает *пуджу* [священный обряд] Господу Шиве. Посетитель пошел во двор и выкопал там яму. Через некоторое время он вновь поинтересовался, чем занимается его друг. Теперь тот поклонялся Божественной Матери. Посетитель выкопал еще одну яму. Когда хозяин дома наконец завершил различные *пуджи* и вышел на улицу, он заметил, что во дворе полно ям. Он спросил друга, что это значит. Тот ответил: «Я хотел найти воду. Если бы я использовал время, потраченное на копание разных ям, для того, чтобы копать в одном месте, я бы уже давно нашел воду в избытке. Теперь же единственный результат копания всех этих ям – потерянное время и энергия!» Хозяин дома понял, на что

---

[8] Одна из форм поклонения Богу: произнесение имен Божьих, число которых обычно составляет 108, 300 или 1000.

намекает его друг. Если бы время, потраченное на поклонение многочисленным богам, было использовано для того, чтобы сосредоточить ум на одном боге, он бы уже давно достиг цели. Все боги – это единый Бог, пребывающий внутри нас. Хозяин дома превзошел незрелые, примитивные представления о преданности и стал истинным преданным.

Молитва занимает в духовной практике уникальное место. Молитва – это не слабость. Если мы будем молиться с верой и искренностью, то сможем пробудить дремлющую внутри нас любовь. Это можно сравнить с техникой ловли рыбы посредством освещения воды.

Преданность Богу – это по сути способность к различению [*вивека*] между вечным и преходящим. Совершение действий с осознанием того, что вечно, а что преходяще, есть преданность.

Преданность важна еще и по следующей причине. Если мы будем продолжать следовать в жизни тем же моделям поведения, что и раньше, то сможем быстро достичь успеха в духовной практике. В детстве мы счастливы, когда сидим у матери на коленях. Затем мы находим счастье в том, чтобы делиться радостями и печалями с друзьями. Когда мы взрослеем, у нас появляется муж или жена, которым мы можем поведать о своих проблемах. На каждом жизненном этапе наш ум сосредоточен на том или ином человеке. В этом люди находят счастье. Ум таких людей не может сразу вознестись до уровня поклонения Всевышнему, не имеющему образа, поэтому для них более практично поклоняться Богу, имеющему образ.

Даже если на уровне интеллекта мы убедим себя в том, что Бог не имеет формы и качеств, мы будем забывать об этом, попадая в различные жизненные ситуации. Один человек всегда держал чернильницу в левой части стола. Затем он передвинул чернильницу на правую часть стола. Хоть он и знал, что чернильница справа, когда нужно было макнуть перо, его рука автоматически двигалась влево, потому что привычка стала его «второй натурой». Так нас порабощают привычки. Привычки невозможно быстро изменить.

За годы у нас выработалась привычка на что-то опираться. Если мы будем продолжать следовать привычной модели поведения, это поможет нам в духовной практике: благодаря этому может оказаться легче обрести внутреннюю чистоту, чем посредством какого-либо другого метода. Вот почему Амма советует вам, идя по жизни, принять прибежище в своем любимом божестве. Освободите ум от привязанности к богатству, семье, друзьям, положению в обществе, славе и т.д. и привяжите только к Богу. Направьте на Бога ту привязанность и любовь, которую испытываете сейчас ко всему остальному.

Повторяя мантру своего любимого божества, вы сможете сократить количество мыслей со ста до десяти. В результате этой практики ум успокоится и станет кристально чистым.

Как на поверхности гладкого озера можно ясно увидеть отражение солнца, так можно ясно лицезреть образ Всевышнего в своем уме, когда он абсолютно спокоен. Это не путь слабых, и он не примитивен. Это кратчайший путь к высшей цели.

Амма не настаивает на том, чтобы вы следовали каким-то определенным путем. Вы вольны выбрать любой путь. Не думайте, что один путь отличен от другого или выше другого. Все пути ведут к одной и той же Истине. Необходимо уважать все пути.

Иддли, *доса* и *путту*[9] – это разные блюда, но все они сделаны из риса. Мы можем выбрать то, которое больше нам по вкусу и которое лучше для нашего пищеварения. Любое из этих блюд утолит наш голод. Аналогично, люди принадлежат разным культурам и имеют разные склонности. Духовные

---

9   Традиционные индийские блюда.

Учителя указали разные пути, чтобы удовлетворить людей с разными вкусовыми предпочтениями. Хотя пути могут казаться различными, их суть одна и та же, и все они ведут к одной цели.

Служение – пропуск к Богу

Амма видит в своих детях большую перемену по сравнению с прошлым годом. Некоторые из вас бросили курить, пить и отказались от предметов роскоши. Но это сделали не все. Амма хочет, чтобы в следующем году число ее детей, в которых произошли подобные перемены, удвоилось. Это был бы настоящий подарок ко дню рождения!

Некоторые из вас прибыли издалека: чтобы добраться до *ашрама* [духовного центра], вам пришлось ехать на автобусе с пересадками и испытать много неудобств. Но несмотря на это, вам не хватает терпения даже недолго побыть здесь. Есть и такие, кто, приехав сюда, хочет посплетничать и покурить. Некоторые даже приезжают в состоянии алкогольного опьянения. Дети мои, когда вы приезжаете в *ашрам*, потратив на это деньги и предприняв столько усилий, вам следует сосредоточиться на Боге. Во время пребывания здесь вам следует постараться направить ум внутрь, в уединении медитируя и повторяя свою мантру. Дети мои, вы должны пребывать в молитвенном состоянии и быть готовы совершать бескорыстное служение. Вам необходимо избавиться от эгоизма.

Вы знаете, что блаженство не во внешних объектах – блаженство внутри вас. Когда мы ставим свое счастье в зависимость от внешних объектов, мы теряем силу. Алкоголь, наркотики и тому подобное не приносят подлинного счастья. Если бы в них можно было найти подлинное счастье, люди, употребляющие алкоголь и наркотики, не попадали бы в психиатрические лечебницы. Тех, кто полагает, что счастье нужно искать вовне, не ждет ничего, кроме слез и печали. Курильщики ясно видят на пачке сигарет предупреждение:

«Курение вредит вашему здоровью». Но даже прочитав это, они закуривают! Они стали рабами привычки. Они слабы. Мужественный человек твердо стоит на собственных ногах. Зависеть от чего-либо – не признак мужества, а рабство. Те, кто беспокоятся, что подумают другие, если они не будут курить или пить, – самые отъявленные трусы и слабаки.

Дорогие мои дети, множество бедных людей борются за выживание, с трудом находя еду и одежду на смену. Многие дети вынуждены бросать школу, потому что не могут оплатить обучение. Многие малоимущие люди живут в домах с протекающими крышами, потому что у них нет средств на замену кровли. А сколько людей мучаются от боли, потому что не могут позволить себе купить лекарства, которые облегчили бы их страдания! Денег, расточаемых людьми на алкоголь и наркотики, которые подрывают их здоровье и губят их, было бы достаточно для того, чтобы помочь страждущим бедным людям.

Милосердие, проявляемое вами по отношению к тем, кому плохо, – вот ваша истинная любовь к Амме. Взращивайте в себе желание служить другим, даже если для этого потребуется пожертвовать своим комфортом. Тогда Бог устремится вам навстречу и заключит вас в свои объятия.

Дети мои, невозможно достичь Бога одной молитвой. Вас не пропустят по пути к освобождению, если у вас нет «паспорта» бескорыстного служения. Достичь Бога, достичь цели освобождения могут лишь те, кто совершает бескорыстные поступки.

Необходима постоянная практика

Амма знает: несмотря на ее неоднократные заверения, что блаженство внутри вас, что его не нужно искать вовне, вы не сможете полностью усвоить эту истину, пока не испытаете ее на собственном опыте.

Мать с сыном жили в доме, где было полно мышей. Сын стал думать, как уничтожить грызунов. Сначала он хотел завести кота, но потом решил, что лучше поставить ловушку. Поскольку у него не было денег, чтобы купить ловушку, он решил соорудить ее самостоятельно и принялся собирать необходимые материалы. Занимаясь этой работой, мальчик вдруг почувствовал, что сам превращается в мышь! Это ощущение стало очень явственным. Мальчик задрожал от страха, представив, что может попасть в лапы кота. Мать мальчика заметила, что с ним что-то неладно, и спросила его, в чем дело. Он ответил: «Кот идет!» – «Ну и что?» – спросила его мать. Перепуганный мальчик воскликнул: «Я мышь! Если кот меня увидит, он меня съест!» Мать вновь и вновь пыталась успокоить его, говоря: «Сынок, ты вовсе не мышь!» – но страх мальчика не унимался, и он продолжал настаивать, что он мышь. Наконец мать отвела его к врачу. Врач сказал: «Ты не мышь. Посмотри на меня. Посмотри на этих людей. Чем ты от них отличаешься?» Он подвел мальчика к зеркалу, и его страх рассеялся. Мальчик пошел обратно домой вместе с матерью. Когда они подходили к дому, через дорогу перебежал кот. Как только мальчик увидел кота, его настроение резко изменилось. Воскликнув: «О нет! Кот!» – он кинулся бежать и спрятался за деревом. Мать повела его обратно к врачу. Врач сказал: «Разве я не объяснил тебе, что ты человек, а не мышь? Почему же ты по-прежнему боишься котов?» Мальчик ответил: «Доктор, я знаю, что я человек, а не мышь. Но кот-то этого не знает!»

Дети мои, как бы долго мы ни изучали Священные Писания, сколько бы раз ни говорили себе, что обладаем силой преодолеть любые проблемы, – до тех пор, пока мы полностью не подчиним себе ум, мы всё равно будем падать духом, сталкиваясь с трудностями. Мы могли бесчетное количество раз слышать, что мы не тело, не эмоции и не ум, а воплощение блаженства, но мы забываем об этом, когда возникают самые заурядные проблемы. Поэтому, если мы хотим быть сильными и смело смотреть в лицо трудностям, необходима непрерывная практика. Мы должны научить ум постоянной осознанности. Необходимо привести ум в такое состояние, чтобы быть способными преодолевать все препятствия, встречающиеся на нашем пути, будучи уверенными в том, что мы не ягнята, а львы! Какие бы несчастья на нас ни обрушились, мы должны предать себя воле Божьей и совершать действия без страха. Гораздо лучше принести всё к стопам Бога и мужественно трудиться, чем горевать, впустую тратя время и подрывая свое здоровье. Если мы поддадимся унынию и будем громко причитать, мы всё равно не сможем изменить обстоятельства. Так зачем печалиться? Если мы поранились, необходимо обработать рану, а не просто плакать. Аналогично, в любой трудной ситуации необходимо искать пути решения проблем, не теряя присутствия духа.

Дети мои, если вы не можете полностью совладать с унынием, позанимайтесь медитацией и повторением мантры или почитайте что-нибудь из Священных Писаний. Привяжите ум к какому-нибудь делу, которое вам по душе, не позволяя уму блуждать. Тогда он успокоится. Благодаря этому вы не будете тратить время впустую и портить здоровье.

Когда автомобиль или дом застрахованы, владелец не беспокоится, зная, что если случится беда, страховая компания возместит ущерб. Тем, кто совершает действия, предав ум Всевышнему, тоже нет нужды бояться. Какая бы беда на нас ни обрушилась, Бог поможет нам. Он защитит нас и укажет нам путь.

Как заниматься благотворительностью

Дети мои, чувство сострадания к бедным, ощущение боли ближних, отдающейся в нашем сердце, должно давать нам вдохновение для служения. Если мы будем работать немного дольше, чем обычно, даже будучи уставшими, это усилие, совершенное бескорыстно, без ожидания чего-либо взамен, будет свидетельствовать о нашей преданности делу. Если мы используем заработанные таким образом деньги для помощи бедным, это будет знаком нашего сострадания. Дети мои, недостаточно только молиться. Мы должны также совершать добрые дела.

Чтобы получить работу, недостаточно диплома – необходима также характеристика. Мы не получим *пайасам*, просто всыпав рис в кастрюлю с водой, – необходимо также добавить сахар и тертый кокос. Мы получим *пайасам*, лишь соединив необходимые ингредиенты. Аналогично, благодаря одним лишь молитвам мы не станем достойны милости Божьей. Необходимы также бескорыстное служение, самоотречение, самоотдача и сострадание.

Жил-был один очень богатый человек, который страдал от отсутствия душевного покоя. Подумав, что, если ему удастся попасть на небеса, то он будет вечно счастлив, он стал обращаться к разным людям за советом, как достичь небес. Наконец ему встретился монах, который сказал: «Ты сможешь попасть на небеса, занимаясь благотворительностью. Но тебе не следует судить о тех, кого ты одариваешь, и ты должен раздавать деньги щедро». Богач купил много коров, чтобы раздать их бедным. Ему не пришлось тратить много денег, потому что он приобрел старых коров, которых больше никто не хотел покупать. Монах посоветовал ему не считать, сколько он раздает денег. Поэтому богач разменял некоторую сумму на мелкие монеты, чтобы, раздавая деньги пригоршнями, не понести больших убытков. Дата благотворительной акции была объявлена заранее. Хорошо зная богача, монах беспокоился, что из-за своих действий, совершенных с желанием попасть на небеса, тот, напротив, попадет в ад, и решил попытаться спасти его. Монах надел лохмотья нищего и присоединился к очереди за пожертвованиями. Он получил пригоршню монет и тощую корову, которая от слабости не могла идти. Приняв всё это, монах подарил богачу золотую чашу. Богач возликовал, подумав, что получил взамен нечто более ценное, чем то, что отдал! Тогда переодетый монах сказал ему: «У меня есть одна просьба. Пожалуйста, верни мне эту чашу, когда мы попадем на небеса!» Богач пришел в недоумение. «Вернуть ее тебе, когда мы попадем на небеса? Как же это возможно?! Прежде, чем мы попадем на небеса, нам придется умереть. Как же мы сможем взять всё это с собой? Когда мы умрем, мы не сможем взять с собой ни одну из этих вещей!»

Богач стал размышлять о том, что сам только что сказал: ничто не сможет пересечь вместе с нами порог смерти. И на него снизошло озарение. Он подумал: «Когда мы умрем, мы не сможем взять с собой ничего из материальных ценностей. Так почему же я проявляю такую скупость по отношению к этим беднякам? Как же я согрешил, проявив жадность!» Богач упал к ногам святого человека, открывшего ему глаза, и взмолился о прощении за зло, причиненное ближним. Впоследствии он без всякого сожаления раздал свое состояние. Сделав это, он испытал блаженство, которого не ощущал никогда раньше.

Дети мои, хотя многие дарят другим подарки, большинство из нас проявляют скупость. Помните, дети мои: как бы богаты мы ни были, ни одно из наших сокровищ не останется с нами навечно. Так зачем скупиться? Мы должны делать всё, что в наших силах, чтобы помогать страждущим. Это истинное богатство. Это путь к миру и спокойствию.

Дети мои, мы должны отдать ум Богу. Это не просто, потому что ум – не такой объект, который можно просто взять и отдать. Однако, когда мы отдаем то, к чему привязан ум, это равноценно отдаче ума. В настоящее время умы большинства людей привязаны к материальным ценностям больше, чем к чему-либо иному, даже больше, чем к близким. Есть люди, которые, зная, что получат долю семейной собственности только после смерти родителей, готовы даже отправить родителей на тот свет! А узнав, что их доля собственности будет меньше, чем они рассчитывали, они могут подать на родителей в суд! Их любовь к собственности сильнее любви к родителям.

Когда мы отказываемся от материальных ценностей, к которым привязан наш ум, мы фактически отдаем свой ум. Лишь молитвы, исходящие из сердца, настроенного на самоотдачу, принесут плоды. Богу не нужно ни наше богатство, ни слава. Солнцу не нужно сияние свечи. От самоотдачи получаем пользу мы сами. Благодаря самоотдаче мы станем достойны милости Божьей. Тогда мы сможем наслаждаться блаженством вечно. Наше мирское богатство рано или поздно исчезнет, в этом нет сомнений. Но если мы освободимся от привязанности к нему и утвердимся в Боге, то нас ждет вечная радость.

Разменивая жизнь на мелочи, мы теряем контроль над умом. В результате мы утрачиваем концентрацию, когда работаем, и оказываемся неспособны проявлять любовь по отношению к семье и друзьям. Постепенно мы начинаем испытывать злость и ненависть по отношению ко всему в жизни. Из-за отсутствия внутреннего покоя у нас начинается бессонница. Мы достигаем стадии, когда не можем спать без снотворного. Сколько подобных примеров можно наблюдать вокруг! Благодаря истинной вере в Бога, медитации, повторению мантры и молитве мы можем обрести достаточную силу для того, чтобы справиться с любой ситуацией. Тогда мы сможем делать всё с полным вниманием, независимо от того, благоприятны обстоятельства или нет. Так что, дети мои, не теряя времени, повторяйте свою мантру и совершайте бескорыстные поступки. Это то, что ведет к миру и гармонии.

Видеть во всем только хорошее

Дети мои, если вы действительно любите Бога, вам следует перестать выискивать недостатки в других людях.

Бог никогда не станет пребывать в уме, занятом критикой других. Старайтесь не выискивать ни в ком недостатков. Помните: мы видим недостатки в окружающих лишь потому, что недостатки есть в нас самих.

Жил-был царь, который однажды попросил своих подданных изваять скульптуры и принести их ему. В назначенный день во дворец пришло много людей со скульптурами. Царь велел министру оценить каждое произведение и присудить награду соответственно его достоинствам. Но министр не смог сказать ничего хорошего ни об одной из скульптур! По его мнению, у каждой из них был один или несколько недостатков. Он сказал царю: «Ни один из твоих подданных не создал достойного произведения искусства». Царь остался недоволен словами министра и решительно заявил: «Каждый из этих людей сделал что-то в меру своих способностей и знаний. Действительно, никто из них не создал шедевра, и мы должны иметь это в виду, оценивая их работу. Ничто в этом мире нельзя назвать совершенным или полным – во всём всегда будет какой-то недостаток. Но тот факт, что ты не смог найти ни одной скульптуры, достойной присуждения небольшой награды, подсказывает мне, что ты не достоин быть министром!» И царь отправил министра в отставку. Так тот, кто видел в других лишь недостатки, лишился работы. Дети мои, во всём обязательно должно быть что-то хорошее, но нам нужно иметь зрение, чтобы это увидеть.

Если те, кто стараются видеть в других только хорошее, повторят мантру всего один раз, они извлекут пользу, равноценную повторению мантры десять миллионов раз. Сердце Аммы тает, когда она думает о таких людях. Бог даст им всё, в чём они нуждаются.

Станьте едиными в Любви

Послание Аммы по случаю ее дня рождения, 1992 г.

Дети мои, душа не рождается и не умирает. Цель человеческого рождения – осознать это. Даже мысль о том, что мы рождаемся, должна исчезнуть. Вы можете спросить: почему в таком случае Амма согласилась на эти празднования? Потому что Амма счастлива, когда вы собираетесь здесь все вместе. Это дает Амме возможность видеть, как все вы сидите и повторяете Божественную мантру. Совместное повторение мантр имеет особое значение. К тому же, если ваше желание отпраздновать этот день будет исполнено, вы будете счастливы. Когда Амма видит, что ее дети счастливы, это доставляет ей радость. Более того, сегодня – день самоотречения. Здесь у вас нет таких комфортных условий, как дома. Вы неустанно трудитесь во имя Аммы без еды и сна. Вы выполняете работу, которая приносит утешение и мир тем, кто страдает. Дети мои, такие действия пробуждают высшее «Я» [*Атман*].

Это правда, что мы могли бы помочь многим бедным людям, используя деньги, которые тратятся на такие празднования. Но в нынешних обстоятельствах мы не можем просто отказаться от подобных празднований. Мы добавляем к золоту медь, чтобы оно стало пригодно для изготовления украшений. Чтобы помогать людям духовно расти, мы должны с пониманием относиться к их чувствам. Дети мои, если Амма совершила какую-то ошибку, пожалуйста, простите Амму!

Дети мои, некоторое время назад вы все повторяли: «*Ом Амритэшварьей Намаха*». Дети мои, эта богиня – сущность нектара бессмертного «Я» [*атмамрита*], пребывающего в тысячелепестковом лотосе у вас в области макушки. Вот что должно быть целью ваших устремлений, а не это тело ростом в пять футов. Раскройте свою внутреннюю силу. Найдите внутреннее блаженство. Таково подлинное значение повторения этой мантры.

Молитесь о преданности

Дети мои, когда вы взрастите в себе любовь к Богу, вы не сможете думать ни о чем ином. Некоторые люди жалуются: «Мы столько лет ходим в храмы, совершаем *пуджи* [обряды] и взываем к Богу! Несмотря на это наша жизнь никогда не была беспечальной!» Амма лишь может ответить таким людям, что они никогда по-настоящему не взывали к Богу, потому что их ум был полон других мыслей. Те, кто любят Бога, не знают печали. В жизни тех, кто полностью погружен в любовь к Богу, есть только блаженство. Откуда у таких людей время думать о своих печалях и других проблемах? Повсюду и во всем они видят лишь свое любимое божество. Мы должны молиться Богу только о любви к Нему, а не об обретении материальных объектов. Когда Амма думает о любви к Богу, ей вспоминается история про жену Видуры.

Видура и его жена были искренне преданы Господу Кришне. Однажды Видура пригласил Кришну к себе домой. Они с женой с нетерпением ждали дня, когда придет Господь. Все их мысли были только о Кришне. Они размышляли о том, как принять его, что предложить ему, что сказать ему и т.д. Наконец настал заветный день. Видура и его жена приготовили всё необходимое к приходу Господа. Приближалось время прибытия Кришны. Жена Видуры пошла принять ванну перед приемом. Как раз в то время, когда она принимала ванну, приехал Кришна – раньше, чем ожидалось. Служанка сообщила жене Видуры о прибытии Господа. Забыв обо всем, та выбежала из ванной с возгласами: «Кришна! Кришна!» – и приблизилась к Господу. Она принесла ему фруктов и приготовила для него кресло. Делая всё это, она постоянно взывала: «Кришна! Кришна!» Объятая любовью к Господу, она ничего больше не сознавала. В конце концов она села на кресло, предназначенное для Кришны, а он сел на пол!

Она ничего этого не осознавала. Очистив банан, она выбросила мякоть и с любовью предложила Господу кожуру! Он улыбаясь принял ее и стал с удовольствием есть. Как раз в этот момент в комнату вошел Видура. Увиденное повергло его в ужас. Его жена, обнаженная и мокрая, сидела в кресле Кришны, тогда как тот сидел на полу! Видура не мог поверить своим глазам. Его жена выбросила мякоть банана и дала Кришне кожуру! А Кришна выглядел довольным, как будто не происходило ничего странного.

Видура пришел в ярость. «Ты что – с ума сошла? Что ты делаешь?!» – закричал он на жену. Лишь тогда она пришла в себя и осознала, что натворила. Она выбежала из комнаты и через некоторое время вернулась в чистой одежде. Усадив Господа в предназначенное для него кресло, они вместе с Видурой совершили обряд поклонения его святым стопам, как и было запланировано. Затем они предложили ему многочисленные изысканные блюда, приготовленные специально для него. Жена Видуры выбрала красивый банан, очистила его и предложила Господу. Когда церемония завершилась, Кришна сказал: «Хоть вы и совершили все эти обряды в точном соответствии с традицией, они не могут сравниться с приемом, оказанным мне сразу после моего прибытия! Те блюда, которыми вы меня потчевали, не могли сравниться со вкусом банановой кожуры, которую я получил вначале!» Причина в том, что когда жена Видуры предлагала Господу банановую кожуру, она полностью забыла о себе, преисполненная преданности ему.

Дети мои, вот какой должна быть наша преданность Богу. Мы должны забывать о себе в присутствии Бога. Тогда нет больше двойственности, нет ни «ты», ни «я». И тогда нет никакой необходимости в обрядах. Все обряды предназначены для того, чтобы помочь нам избавиться от чувства двойственности. В наших сердцах не должно быть места ни для чего, кроме Бога, – вот какой должна быть наша любовь к Богу. Река ограничена двумя берегами, но речное дно одно и то же. Хотя мы говорим о Боге и преданном или об Учителе и ученике, любовь ведет нас к объединяющему принципу высшего «Я». Так что, дети мои, вы должны молиться Богу так: «Надели меня любовью к Тебе и позволь забыть обо всём остальном!» Это непреходящее богатство, источник блаженства. Если мы взрастим в себе такую преданность, это будет означать, что мы добились в жизни успеха.

Сострадание – первый шаг на пути духовности

Дети мои, когда Амма говорит о необходимости преданности Богу, она имеет в виду не только молитву. Любить Бога – значит не только сидеть где-то и взывать к Богу. Мы должны быть способны ощущать присутствие Бога в каждом живом существе. Улыбчивость, доброта по отношению к ближним – всё это тоже проявления нашей любви к Богу и преданности ему. Когда мы преисполняемся преданности Богу и открываем Ему сердце, эти качества проявляются сами собой. Тогда мы перестаем испытывать гнев или неприязнь по отношению к кому-либо.

Жил-был один бедняк. Как-то раз он заболел и утратил способность работать. Несколько дней ему нечего было есть, и он очень ослаб. Он взывал к разным людям и просил у них еды, но никто не обращал на него внимания. Он стучался во многие двери, но все гнали его прочь. Бедняга совсем отчаялся. Не желая жить в мире, где люди так жестоки, он решил покончить с собой. Но испытывая сильное чувство голода, он подумал: «Если бы мне только удалось утолить голод, я мог бы умереть спокойно». И он решил попытать счастья еще раз. Он подошел к хижине, в которой жила одна женщина. К его удивлению она ласково предложила ему присесть снаружи и пошла в хижину за едой. Однако там она обнаружила, что горшок, в котором была еда, лежит перевернутый. Его опрокинула кошка и съела его содержимое. Женщина вышла на улицу и с горечью сказала бедняку: «Мне очень жаль! У меня дома было немного риса с овощами, которые я собиралась Вам дать, но их съела кошка. Ничего не осталось. Я не могу дать Вам денег, потому что у меня их нет. Пожалуйста, простите меня за то, что я Вас так разочаровала!» Бедняк ответил: «Вы дали мне то, в чем я нуждался. Заболев, я обращался к разным людям с просьбой дать мне еды, но все гнали меня прочь. Ни у кого не нашлось для меня даже доброго слова. Я подумал, что не могу жить в таком мире, и решил совершить самоубийство. Но голод был таким нестерпимым, что я решил попытать счастья еще раз. Вот почему я пришел сюда. Хоть я и не получил еды, Ваши ласковые слова сделали меня счастливым. Именно существование в мире таких добрых людей, как Вы, дает мужество жить бедным людям, подобным мне. Благодаря Вам я не буду сводить счеты с жизнью. Сегодня я впервые за очень долгое время почувствовал себя довольным и счастливым».

Дети мои, даже если мы не в состоянии дать другим ничего материального, мы, несомненно, можем подарить им улыбку или доброе слово. Это ведь нам ничего не стоит, не так ли? Достаточно иметь доброе сердце – это первый шаг на пути духовности. Человеку, творящему добро, не нужно никуда идти в поисках Бога. Бог сам устремится в сердце, полное сострадания. Это самая любимая обитель Бога. Дети мои, человека, не имеющего сострадания по отношению к ближним, нельзя назвать преданным.

Дети мои, вы все собрались здесь сегодня. Когда вы были здесь в прошлом году, каждый из вас дал обет. Большинство из вас сдержали его. Многие из вас бросили пить, курить и отказались от предметов роскоши. В этом году – если вы любите Амму и чувствуете хоть какое-то сострадание по отношению к миру – вы тоже должны дать обет отказаться от пагубных привычек. Задумайтесь о том, сколько денег мы тратим на алкоголь, сигареты, дорогую одежду и предметы роскоши! Дети мои, вам следует всеми силами стараться сократить приобретение подобных вещей. Деньги, сэкономленные таким образом, можно использовать для помощи бедным. Есть очень способные дети, которым приходится бросать учебу из-за того, что они не могут заплатить за обучение в вузе. Вы можете помочь им, внеся за них плату. Вы можете помогать бездомным. А сколько больных страдают из-за того, что не могут приобрести необходимые лекарства! Вы можете купить им эти лекарства. Существует много разных способов помогать ближним. Денег, которые мы сейчас выбрасываем на ветер, хватило бы для помощи им. Служить нуждающимся – вот настоящее поклонение Богу. Это та *пада-пуджа*[10], которая приносит Амме счастье и удовлетворение. Давайте молиться Всемогущему, чтобы он сделал наши сердца сострадательными.

---

10   Обряд поклонения стопам Бога, Гуру или святого.

Мать-Природа защищает тех, кто защищает ее

Послание Аммы по случаю ее дня рождения, 1993 г.

Преданные со всего мира, собравшиеся в Амритапури на празднование сорокового дня рождения Аммы, выразили желание совершить пада-пуджу [ритуальное омовение стоп] Амме в такой благоприятный день, считая это большим благословением. Амма не хотела соглашаться на пада-пуджу или какие-либо другие празднования на фоне мрачной атмосферы, царившей после недавнего землетрясения на западе центральной части Индии. В конце концов она всё же уступила искренним мольбам своих детей. В восемь часов утра Амма поднялась на возвышение в южной оконечности просторного пандала [традиционной конструкции, напоминающей шатер], возведенного на территории ашрама. После прекрасной, исполненной глубокой преданности пада-пуджи Амма пожелала утешить множество преданных, которые не смогли найти удобное сидячее место в пандале. Она сказала: «Дети мои, постарайтесь сесть там, где вы сможете найти место. Амма знает, что не всем удалось удобно расположиться. Пожалуйста, не расстраивайтесь из-за этого, дети мои! Ум Аммы очень близок к тем детям, которые стоят в отдалении. Моросит дождь, поэтому мы скоро войдем в зал». Затем Амма обратилась к собравшимся с посланием по случаю своего дня рождения.

Дети мои, то, что Амма приняла сегодня эту *пуджу*, – величайшая ошибка в жизни Аммы. Амма сто раз говорила, что *пуджа* не нужна. Напротив, это Амма должна служить вам, потому что именно это приносит ей радость. Амма сидит здесь только для того, чтобы сделать вас счастливыми.

Во время поездки по Соединенным Штатам [два месяца назад] Амма сказала, что не нужно устраивать никаких празднований по случаю ее дня рождения в этом году.

У Аммы было тяжело на сердце. Задумайтесь о том, что происходит сегодня! Разлагающиеся трупы и тысячи объятых горем людей. Нет никакой возможности защитить выживших или кремировать погибших. Не хватает рабочих рук. Амма хотела бы скорее оказаться в районе бедствия. Она уже попросила некоторых своих детей отправиться туда. Подумайте о находящихся там людях, страдающих из-за потери близких и имущества!

Подобные бедствия происходят не только в Индии – в той или иной форме они случаются везде. Амма не думает о тех, кто погиб. Их больше нет с нами. Но тысячи человек страдают душевно и физически. Амма переживает за них. Это их нужно спасать. Это об их безопасности необходимо позаботиться. Дети мои, вы должны приложить для этого усилия.

Берегите природу

Почему земля причиняет нам такую боль? Задумайтесь об этом, дети мои. Задумайтесь о том, скольким жертвует ради нас Мать Природа, какую большую жертву приносят ради нас реки, деревья и животные! Посмотрите на дерево. Оно дает нам плоды, тень и прохладу – оно дает тень даже тому, кто рубит его. Таково отношение деревьев. Внимательно приглядевшись ко всему сущему в природе, мы заметим, какую великую жертву она приносит ради человечества. А что делаем для природы *мы*? Считается, что люди должны сажать деревце всякий раз, когда срубается дерево. Но сколькие следуют этому принципу? Даже если люди это делают, как можно поддержать природную гармонию с помощью саженца? Маленькое дерево не может дать природе такую же силу, как большое. Способен ли ребенок выполнять работу взрослого? Если взрослый может перенести целую корзину земли, ребенок способен взять лишь горсть. Разница огромна.

Чтобы очистить бочку воды, достаточно ли добавить миллиграмм очищающего средства вместо предписанных десяти? Природоохранная деятельность ведется сегодня в таких же малых масштабах. Природная гармония утрачивается. Нежный прохладный бриз, который должен нас ласкать, превратился в мощное торнадо. Земля, которая до сих пор была нашей опорой, теперь тянет нас в ад.

Но нельзя винить в этом природу. Мы пожинаем плоды наших собственных неправедных действий. Человек, зарабатывающий на жизнь продажей гробов, в конце концов сам оказывается внутри одного из них. Мы сами роем себе могилу. Теперь все живут в страхе. Вечером мы ложимся спать, не будучи уверенными в том, что проснемся утром. Дети мои, охрана природы должна быть нашим основным приоритетом. Лишь тогда у нас будет шанс выжить. Мы должны перестать разрушать природу ради наживы, ради удовлетворения наших эгоистических желаний. В то же время каждый должен стараться сажать деревья по крайней мере на небольшом участке земли перед своим домом.

Мудрецы древности наставляли нас поклоняться деревьям. Тем самым они учили нас тому, как важно охранять природу. Выращивание в своем саду цветов для совершения богослужебных обрядов, сбор этих цветов и их приношение Богу, возжигание бронзовой лампады с маслом – всё это очищает атмосферу. В наши дни воздух уже не наполнен ароматом цветов или запахом фитиля, горящего в лампаде с маслом. Вместо этого мы дышим смрадным и ядовитым дымом заводов. Если когда-то продолжительность жизни человека составляла 120 лет, то сегодня она сократилась до 60–80 лет. Появляется всё больше новых болезней. Их связывают с вирусами, но никто не знает их подлинной причины.

Атмосфера загрязняется, множатся болезни, наше здоровье ослабляется, продолжительность жизни сокращается – вот каким путем мы идем. Мы пытаемся создать рай на земле, но вместо этого земля превращается в ад. Мы хотим поесть сладкого, но не можем из-за болезни. Мы хотим посмотреть вечернее танцевальное представление, но не можем, опять же из-за болезни. Люди не способны удовлетворить свои желания. Человечество не может развязать тот узел, который завязало. Мало кто задумывается о том, чем всё это закончится и как изменить ситуацию. Даже если кто-то находит решение, ничего не осуществляется на практике.

Когда мы выращиваем цветы, собираем их и приносим Богу, очищаются и наши сердца, и природа. Поливая растения, срывая цветы и делая из них гирлянду, преданный повторяет мантру. Повторение мантры сокращает число мыслей, и ум очищается. Но в наши дни люди не придают всему этому значения, считая суеверием. Мы верим в преходящие вещи, творения рук человеческих: компьютеры, телевизоры и тому подобное. Мы больше не прислушиваемся к словам просветленных мудрецов. Если возникает проблема с компьютером или машиной, мы готовы приложить большие усилия и потратить уйму времени, чтобы починить их. А что мы делаем для того, чтобы устранить дисгармонию ума?

Центр подготовки ума

Дети мои, если ум будет пребывать в уравновешенном и гармоничном состоянии, всё будет уравновешенно и гармонично. Если ум утратит равновесие, всё в жизни станет дисгармоничным. *Ашрамы* – это центры, где люди могут пройти такую подготовку, которая позволит им поддерживать гармонию. Но сегодня находятся такие, кто очерняет и высмеивает *ашрамы* и духовную жизнь.

Недавно вышел фильм, в котором подвергались осмеянию *ашрамы* в целом. Услышав отзывы тех, кто видел этот фильм, некоторые преданные очень огорчились. Они стали сетовать, что есть люди, которые выносят суждения, не потрудившись выяснить истину. Не бывало случая, чтобы из какого-то *ашрама* Кералы изъяли *ганджу* [гашиш]. Люди готовы слепо верить россказням, вымышленным историям, написанным для какого-то художественного фильма, при этом они не обращают внимания на слова *Махатм* [Великих Душ]. Такие люди гордо называют себя интеллектуалами. Они не верят тому, что могут сами увидеть в *ашраме*, а верят байкам из кино. Многие люди, посмотрев этот фильм, стали плохо отзываться об *ашрамах*, но эти так называемые интеллектуалы не желают разобраться в том, как дело обстоит в реальности.

Представьте, что один человек подходит к другому и говорит ему: «Я видел, что ты лежишь мертвый! Мне также рассказали о том, как ты умер!» – и всё это говорится человеку, который жив и здоров! Вот что происходит в наше время. Люди не доверяют тому, что видят воочию. Для них важнее то, что они видят в кино или слышат от кого-то. Сценарист использует идеи, возникающие в его воображении, и преподносит их как реальные факты. Такова природа литературного творчества. Так сценаристы зарабатывают деньги и становятся знаменитыми. Чтобы добиться успеха, они готовы написать что угодно. Сценаристы и продюсеры зарабатывают подобным образом деньги и живут в роскоши. Но не таковы духовные искатели. Их жизни полны самоотречения.

Амма не критикует искусство. Искусство необходимо. Каждый вид искусства по-своему важен. Но деятели искусства не должны пытаться уничтожить нашу культуру. Произведения искусства должны способствовать духовному росту человечества. Искусство должно расширять границы наших представлений, а не превращать людей в животных. Если существует несколько врачей-шарлатанов, означает ли это, что медицина в целом – это лженаука, а все врачи – обманщики? Распространять ложные идеи – значит вредить обществу. Пользу людям и обществу приносят лишь те произведения искусства, которые учат нас видеть во всем хорошее.

Посетители этого *ашрама* знают, что люди, обитающие здесь, упорно трудятся днем и ночью. Они работают, но не для того, чтобы наслаждаться комфортом или дать что-то своим детям или другим членам своих семей. Они самозабвенно трудятся ради всего мира. Даже в полночь можно увидеть, как они носят песок, чтобы засыпать подтопленные участки земли и построить дома, где наши гости смогут переночевать. Лишь благодаря их упорному труду, а зачастую и пренебрежению пищей и сном, Господь позволил нам сделать так много на благо других за столь короткое время. Домохозяева тоже совершают бескорыстное служение в меру своих возможностей. Работа идет постоянно, даже сейчас. Духовные искатели, обитающие в разных *ашрамах,* посвятили себя служению миру. Ими движут не эгоистические побуждения. Когда современные молодые люди слышат об *ашрамах,* они представляют *ашрам* Раджниша.[11] Но его *ашрам* был ориентирован на западное общество. Наставления Раджниша были адресованы наркоманам и людям, имевшим другие формы зависимости. Он снизошел до их уровня.

Вы не получите от седьмого апельсина такого же удовольствия, как от первого. Постоянно ощущая одно и то же, вы начнете испытывать к этому отвращение и поймете, что внешние объекты не способны принести настоящего счастья. Тогда вы станете искать источник истинного счастья.

Собака грызет кость. Когда начинает сочиться кровь, собака думает, что она из кости. В конце концов собака изнемогает из-за кровотечения. Только тогда она понимает, что

---

[11] Шри Раджниш (1931-1990), известный также как Ошо, родился в индийском штате Мадхья-Прадеш. В 1980-е гг. имел ашрам в Орегоне, США. Его учение оценивается неоднозначно.

кровь сочится не из кости, а из ее собственных поврежденных десен. Когда мы ищем счастья во внешних объектах, мы испытываем схожие ощущения.

Раджниш тоже говорит об этом. Однако его метод обучения сильно отличается от метода древних мудрецов. Его философия не для индийского народа, и мы не согласны с его философией. При этом необходимо отметить, что он делал всё открыто, ничего не скрывая. Однако трудно освободиться от привязанности, позволяя себе излишества. Амма не говорит, что это невозможно, но отрешенность, возникшая в результате наслаждения, временна. Поэтому нам необходимо сознательно вырабатывать непривязанность к мирским объектам. Нам может нравиться *пайасам* [сладкое блюдо из риса], но если мы съедим его слишком много, то почувствуем пресыщение, а через какое-то время нам захочется вдвое больше. Мы никогда не сможем отказаться от чувственных наслаждений, пытаясь удовлетворить их раз и навсегда. Мы сможем отстраниться от мирских объектов, лишь сознательно вырабатывая непривязанное отношение к ним. Таков метод Аммы. Однако в наши дни находится много людей, которые не следуют по этому пути, предписанному древними мудрецами, – вместо этого они следуют по пути, указанному Раджнишем. И по таким людям судят обо всех *ашрамах*. Критики не хотят видеть, как много и с какой самоотдачей трудятся обитатели *ашрама* Аммы, каким самоотречением наполнена их жизнь. Трудятся и дети Аммы, живущие на Западе. Они сами готовят себе еду, потому что питаться в ресторанах дорого. Они много работают, откладывают деньги и используют их для осуществления проектов бескорыстного служения. Так что мы должны стараться докопаться до истины, вместо того чтобы высказывать мнение, сформировавшееся под влиянием фильмов или журналов.

В сегодняшнем мире есть три категории людей. К первой категории относятся самые бедные, те, у кого ничего нет. Амма знает многих таких людей, они приходят сюда. У них нет ни одного приличного предмета гардероба, поэтому они приходят в одежде, которую одолжили у кого-то из знакомых. Многие люди страдают из-за того, что не могут позволить себе покрыть крышу соломой, или получить лечение в случае болезни, или заплатить за учебу. Они сами не знают, как им удается сводить концы с концами. У людей, относящихся ко второй категории, есть немного денег, которых им более-менее хватает для удовлетворения основных потребностей. Они испытывают сострадание по отношению к тем, кому плохо, но ничего не могут поделать. Третья категория отличается от первых двух. У ее представителей в сто раз больше денег, чем им необходимо. Они умны, управляют предприятиями и зарабатывают целые состояния, но тратят деньги только на то, чтобы им самим комфортнее и веселее жилось. Им нет дела до тех, кто страдает. О них можно сказать, что они поистине беднейшие из бедных. Им уготован ад, потому что они являются причиной страданий обездоленных. Такие люди присвоили богатство бедняков и не хотят с ним расставаться. Дети мои, помните, что сострадание к бедным – наш долг перед Богом. Преданность Богу состоит не только в том, чтобы ходить вокруг образа, повторяя: «Кришна, Мукунда, Мураре!»[12] Истинная преданность Богу заключается в том, чтобы помогать тем, кто страдает. Многие отталкивают руку, протянутую бедняком, или даже шлепают его по руке, словно это муха. Те, кто не имеют сострадания к бедным и нуждающимся, не извлекут пользы из повторения мантры или медитации; сколько бы приношений в храмах они ни сделали, не смогут попасть на небеса, а в этой жизни им не будет покоя.

---

[12] Разные имена Господа Кришны.

Причина наших бед – мы сами

Дети мои, некоторые люди спрашивают: «Неужели Бог несправедлив? Одни люди здоровы, а другие больны, одни богаты, а другие бедны. Почему так происходит?» Дети мои, в этом виноват не Бог, а мы сами.

Известно, какого размера томаты были в прошлом. В наши дни, благодаря усилиям ученых, многие томаты стали в два раза крупнее. Амма не отрицает пользы науки, но когда томаты становятся такими большими, их качество ухудшается. Хозяйки знают, что если добавить в тесто для *иддли*[13] соду, то они станут крупнее, но у них не будет качества и вкуса обычных *иддли*. В результате использования искусственных удобрений и других химикатов для выращивания томатов в тело человека проникают яды. Наши клетки разрушаются. Дети родителей, питающихся такими продуктами, нездоровы с самого рождения. Так мы страдаем от последствий наших собственных действий. Нет смысла винить в этом Бога. Если наши поступки чисты, результаты будут хорошими. То, что мы испытываем сейчас, является результатом наших поступков в прошлых жизнях.

Один человек дал каждому из двух своих друзей по каменной плите. Один из них был здоровенным малым, а другой – худым и слабым. Несколько дней спустя этот человек попросил своих друзей разбить плиты. Они начали колотить по плитам молотом. Силач ударил по своему камню десять раз, но тот даже не треснул. Худосочный малый ударил по своему камню всего два раза, и тот раскололся на две половины. Силач воскликнул: «Ты ударил по своему камню всего дважды, и он раскололся! Как тебе это удалось?» Его товарищ ответил: «Я много раз бил по камню до этого».

Если для одних жизнь – борьба за существование, а другим живется легко, то это результаты, или плоды, их

---

13   Южноиндийские рисовые лепешки, приготовленные на пару.

действий в прошлом. Наш успех сегодня – плод добрых дел, совершенных нами вчера. Если мы хотим, чтобы успех сопутствовал нам и в будущем, необходимо совершать добрые поступки сегодня, иначе завтра придется страдать. Если мы будем проявлять милосердие к страждущим сегодня, то сможем избежать страданий завтра. Помогая выбраться из канавы тем, кто упал в нее, мы сможем избежать собственного падения в канаву.

Дети мои, трудно понять рассудком, что такое *прарабдха*[14]. Мы можем узнать это только посредством опыта. В нашей жизни иногда бывают периоды, когда может возникнуть много препятствий, таких как неизлечимые болезни, несчастные случаи, безвременные кончины, ссоры, денежные потери и т.д. В такие периоды бессмысленно просто сваливать всё на свою *прарабдху*. Мы можем преодолеть подобные трудности, если будем прилагать усилия, предав себя воле Божьей. Благодаря медитации и повторению мантры мы, несомненно, можем изменить свою *прарабдху*, по крайней мере, на девяносто процентов, но не на сто, потому что это закон природы. Его влиянию подвержены даже *Махатмы* [Великие Души]. Но ничто на самом деле не влияет на *Махатм*, потому что они свободны от привязанностей. Страдание, возникающее в результате *прарабдхи*, – это, в каком-то смысле, Божественное благословение, потому что оно помогает нам памятовать о Боге. Подвергаясь таким испытаниям, те, кто раньше не молились Богу ни разу, начинают взывать к Нему. Они вступают на путь *дхармы* [нравственности]. Вступая на духовный путь, они получают большое облегчение от страданий, вызванных *прарабдхой*.

Большинство людей пугаются, когда слышат о духовности. Духовность не означает, что вы не можете приобретать состояние или должны отказаться от семейной жизни. Вы

---

[14] Плоды прошлых действий, совершенных в этой и прошлых жизнях, которые проявляются в этой жизни.

можете стать состоятельным человеком и вести семейную жизнь, но ваша жизнь должна быть основана на понимании духовных принципов. Семейная жизнь и материальные приобретения без осознания духовных принципов подобны собиранию расчесок лысым человеком! Имущество и родственники не останутся с нами навсегда. Поэтому мы должны отводить им в жизни только такое место, которого они заслуживают.

Мы не обязаны отказываться от всего. Духовные принципы учат нас жить мудро и счастливо в этом материальном мире. Если человек, не умеющий плавать, войдет в море, его могут унести волны. А опытные пловцы, напротив, наслаждаются плаванием среди морских волн. Для них плавание – радостная игра. Аналогично, если мы усвоим духовные принципы, жизнь в мире станет еще более радостной. Духовность – это не просто способ попасть на небеса и не суеверия. Небеса и ад находятся здесь, в этом мире. Если мы будем рассматривать этот мир как детскую игру, мы сможем возвысить свой ум до уровня духовного опыта. Духовность учит нас, как обрести мужество и силу, чтобы наслаждаться блаженством уже в этой жизни. Путь духовности несовместим с леностью и праздностью. Если человек, который обычно работает по восемь часов в день, станет работать по десять, а дополнительный заработок использует для помощи страждущим, это будет истинная духовность, истинное почитание Бога.

Повторение тысячи имен

Некоторые из детей Аммы поделились с ней своей озабоченностью. Кто-то сказал им, что те, кто повторяют *Лалита-Сахасранаму* [тысячу имен Божественной Матери] и почитают Божественную Мать, – воры. Возможно, человек, сделавший это замечание, видел где-то в другом месте, что молитвенные собрания проходят с большой помпой и на это тратится слишком много денег. Или, возможно, этот человек подумал, что тысяча имен повторяется с целью умилостивить какое-то божество, восседающее на небесах. Но на самом деле мы повторяем тысячу имен для того, чтобы пробудить нашу внутреннюю Божественную сущность. Бог, сущий везде и во всем, пребывает и в наших сердцах. *Сахасранама* – средство, помогающее нам пробудиться и достичь этого Божественного уровня осознания.

Каждая мантра *Лалита-Сахасранамы* полна глубокого смысла. Возьмем первую мантру: *Шри Матрэ Намаха* – «Поклон Матери». Мать – воплощение терпения и способности прощать. Когда мы повторяем эту мантру, в нас пробуждается соответствующая *бхава* [настроение, состояние]. Данная мантра повторяется для того, чтобы воспитывать такое качество, как терпение. Каждое из тысячи имен столь же важно, как мантры, содержащиеся в Упанишадах. Повторяя Имена, мы, сами того не замечая, духовно растем и расширяем свое сознание. *Сахасранама* помогает нам превзойти менталитет мухи и подняться до Божественного уровня. Это истинный *сатсанг*[15].

В семье было два мальчика. Отец брал одного из них с собой, куда бы он ни пошел. Когда отец играл в карты с друзьями, мальчик сидел рядом с ним. Он смотрел, как его отец пьет спиртное. Другой мальчик оставался с матерью. Она рассказывала ему вдохновляющие истории и брала с собой в храм. В конце концов у мальчика, который рос с отцом, сформировался очень плохой характер. Он вобрал в себя все возможные дурные качества. Мальчик же, росший с матерью, говорил только о Боге и пел только духовные песни. В нем проявились любовь, сострадание и подлинное смирение. Как

---

[15] Пребывание в обществе праведных, мудрых и добродетельных. Также духовная беседа мудреца или ученого.

показывает этот пример, обстановка, в которой мы живем, сильно влияет на нашу *самскару.*[16]

Мы пробуждаем внутри Божественную *самскару,* повторяя *Сахасранаму* и поклоняясь Богу в храме. Когда мы медитируем и повторяем мантру с сосредоточением, в нас пробуждается Божественная сила. Это благотворно влияет и на атмосферу. Если воля человека направлена в одну точку, всё становится возможным. Но в наши дни люди не верят в подобные вещи. Некоторое время назад, когда космический аппарат «Скайлэб» должен был упасть на землю, ученые призвали всех молиться, чтобы он упал в океан, а не в населенный район. Они признали, что направленная на одну цель молитва обладает великой силой. Когда об этом сказали ученые, все поверили. Великие мудрецы осознали силу ума и мантр давным-давно, но нам трудно признать верность их открытий. Что касается ученых, то мы знаем, что им случается изменять свои прошлые заявления, тем не менее стоит им что-то провозгласить, как мы с готовностью это принимаем.

Повторяя мантру, мы стараемся пробудить нашу внутреннюю божественность. Когда мы проращиваем бобовые, увеличивается их питательная ценность и содержание в них витаминов. Повторение мантры – схожий процесс, пробуждающий нашу скрытую духовную силу. Более того, звуковые вибрации мантр очищают атмосферу. Достаточно закрыть глаза, чтобы увидеть, где находится наш ум. Хоть мы и сидим здесь, наш ум занят всем тем, что нам предстоит сделать, когда мы вернемся домой. «На какой автобус мне нужно сесть? Много ли в нем будет народу? Смогу ли я

---

[16] *Самскара* имеет два значения: совокупность впечатлений, отпечатавшихся в уме вследствие опыта, полученного в этой или предыдущих жизнях, влияющих на человека – его характер, поступки, менталитет и т.д.; пробуждение в человеке правильного понимания (знания), ведущее к самосовершенствованию.

завтра выйти на работу? Вернет ли такой-то деньги, которые я ему одолжил?» В уме пляшет сотня подобных мыслей. Ум, обернутый в сто мыслей, невозможно обратить к Богу в одно мгновение. Требуются постоянные усилия. Повторение мантры – простой способ обратить ум к Богу. Попробуйте поймать ребенка – и он станет убегать от вас. Если мы побежим за ним, он может упасть в пруд или колодец. Но если у нас в руках будет игрушка, когда мы позовем ребенка, он придет к нам сам. Благодаря этому можно будет уберечь ребенка от падения во время бега. Так и повторение мантры – это способ заставить ум делать то, что нам нужно, используя знание его природы. Если в уме возникает сто мыслей, то, повторяя мантру, можно сократить их число до десяти. У вас может возникнуть вопрос: разве в уме не будет мыслей во время повторения мантры? Даже если они и будут, это не столь важно. Мысли подобны младенцу: когда младенец спит, матери легко заниматься домашними делами, но если младенец проснется и начнет плакать, ей будет трудно работать. Мысли, возникающие, когда мы повторяем мантру, не представляют особой проблемы – они не будут нас беспокоить.

Кто-то может спросить: разве мантра – это тоже не мысль? Но разве несколько букв на плакате с надписью: «Вешать объявления запрещено» – не помогают избежать заполнения объявлениями всей стены? Аналогично, благодаря одной мысли, выраженной мантрой, мы можем заставить ум перестать блуждать. Сокращение числа мыслей также полезно для здоровья и продлевает жизнь.

Гарантийный срок изделия начинается только с момента его приобретения, независимо от того, сколько лет данное изделие пролежало на складе, потому что оно не использовалось. Так и ум без мыслей не ослабевает – он становится только сильнее. Владелец такого ума становится здоровее и живет дольше. С другой стороны, когда количество мыслей увеличивается, ум слабеет и страдает здоровье человека.

Мы знаем о людях, которые в далеком прошлом совершали аскетические подвиги, стоя на одной ноге или даже стоя на гвозде для удержания неподвижности ума. Нам нет необходимости делать что-либо подобное. Достаточно просто повторять мантру. Те люди познали Бога, только изучив все Священные Писания и посвятив огромное количество времени совершению духовных подвигов. А *гопи*[17] никогда не изучали Священных Писаний. Они были домохозяйками и молочницами. Но их любовь к Господу была такой сильной, что они с легкостью познали его. Повторение мантры – самое главное, особенно в эту *кали-югу*[18] [темный век].

Однако повторения мантры и духовной практики недостаточно. Мы сможем познать Бога, только если полностью отдадим Ему свой ум. Но ум не является чем-то таким, что можно отдать как таковой. Мы можем отдать ум, лишь отдав то, к чему он больше всего привязан. В наше время ум людей больше всего привязан к материальным ценностям. Вступив в брак, люди зачастую больше пекутся о своем имуществе, чем о супругах и детях. Даже когда престарелая мать находится на смертном одре, сын прилагает все усилия к тому, чтобы доля земельной собственности, которую он унаследует, содержала больше кокосовых деревьев, чем доля его братьев и сестер. Если он получит немного меньше, чем другие, он может даже зарезать своих родителей! Так к чему мы больше всего привязаны? К материальным ценностям! Поскольку ум привязан к материальным ценностям, отдать материальные ценности значит отдать ум. Богу не нужны

---

[17] Пасту́шки и молочницы, жившие во Вриндаване. Они были ближайшими преданными Кришны и отличались высшей преданностью Господу.

[18] Существует четыре юги (эпохи). Сейчас мы живем в период кали-юги.

наши материальные ценности. Но когда мы отдаем их, наш ум расширяется, и мы становимся достойны Божественной милости.

Служение и духовная жизнь

Многие спрашивают: «Почему Амма придает такое большое значение служению? Разве *тапас* [аскеза] и духовная практика не более важны?» Дети мои, Амма никогда не говорила, что *тапас* и духовная практика не нужны. Та или иная форма *тапаса* необходима. Если обычный человек подобен электрическому проводу, то человек, совершающий *тапас*, подобен мощной линии электропередач, которая способна служить гораздо большему числу людей. Силу, необходимую для этого, можно обрести, совершая аскетические подвиги. Но этим невозможно начать заниматься, когда вам перевалило за шестьдесят, у вас проблемы со здоровьем и мало жизненной энергии. *Тапас* необходимо совершать, когда человек здоров и полон энергии. Нет необходимости покидать дом и уходить в Гималаи, чтобы совершать *тапас*. *Тапас* следует совершать прямо здесь, в гуще общества. Однако истинной духовностью обладают лишь те, кто используют энергию, обретенную в результате *тапаса*, на благо мира. Духовность подразумевает, что вы будете подобны палочке благовоний, которая, сгорая, отдает аромат другим.

Человек, покинувший семью, отказавшийся от имущества и совершающий *тапас* где-то в пещере, подобен озеру в лесной чаще. Никто не может испить из него воды. А кто может насладиться красотой и ароматом цветущих в нем лотосов?

Это правда, что в далеком прошлом люди уходили в Гималаи, чтобы совершать *тапас*. Но они отправлялись туда только после того, как пожили жизнью домохозяев – жизнью, полной самоотречения. Будучи домохозяевами, они достигали зрелости, очищали ум и лишь после этого отрекались от всякого материального достояния. В те дни атмосфера располагала к совершению *тапаса*. Люди осознавали *дхарму* [законы нравственности]. Правители были правдивы. Домохозяева жили с осознанием того, что их целью является Самореализация.

В наши дни люди эгоистичны. Домохозяева – это всего лишь семейные люди, их нельзя назвать *грихастхашрами*.[19] Они даже не знают, что такое бескорыстное служение. Поэтому важно, чтобы духовные люди, внутренне обогатившиеся совершением *тапаса* и духовной практики, показывали миру пример служения с самоотречением. Только такие люди способны служить миру действительно бескорыстно.

Бескорыстное служение – это духовная практика, ведущая к Самореализации. Бескорыстное служение – истинное поклонение Богу. Когда мы отказываемся от эгоизма, открывается путь к высшему «Я». Люди смогут усвоить этот принцип, только если духовные подвижники будут показывать своей жизнью пример бескорыстного служения. Чтобы помочь людям духовно вырасти, необходимо встать на их уровень. Мы можем идти лишь в ногу со временем. В этой связи Амме вспоминается следующая история.

Как-то раз в одно селение пришел *санньясин* [монах], и сельчане стали над ним насмехаться. *Санньясин* обладал *сиддхами* [чудесными силами], но ему не хватало терпимости. Когда сельчане стали потешаться над ним, он пришел в ярость. Взяв немного пепла, он произнес над ним несколько мантр и бросил его в колодец, наложив на него проклятие: всякий, кто выпьет из него воды, должен сойти с ума. В деревне было два колодца: один для простого люда, а другой для царя и его министра. Выпив воды из своего колодца, все сельчане сошли с ума. Царь и его министр пили воду из

---

[19] Грихастхашрами – это тот, кто ведет духовную жизнь, одновременно выполняя семейные обязанности. Это считается второй из четырех жизненных стадий.

другого колодца и остались в здравом уме. Сельчане стали нести околесицу, плясать и подняли большой шум. Они удивились, заметив, что царь и его министр ведут себя не так, как они. Среди сельчан пошла молва: «Эти двое очень сильно изменились!» В глазах подданных сумасшедшими были царь и его министр! Сельчане стали во всеуслышание заявлять, что царь и его министр сошли с ума. Что делать, если те, кто должен держать в руках бразды правления, совсем лишились рассудка? Народ решил заковать царя и его министра в цепи. Начались волнения. Царю и министру удалось бежать. За ними погналась толпа. Царь и министр стали переговариваться на бегу: «Люди сошли с ума. Если им будет казаться, что мы не такие, как они, нам несдобровать: нас объявят сумасшедшими. Если мы хотим спастись и помочь им выбраться из этой ситуации, есть только один выход. Мы должны вести себя так же, как они, ведь чтобы поймать вора, нужно вести себя, как вор!» Царь и министр начали подражать толпе: они стали плясать и издавать странные звуки. Народу это понравилось. Люди возблагодарили Бога за то, что он излечил царя и министра от безумия.

Дети мои, духовные подвижники подобны царю и министру из этой истории. В глазах обычных людей духовные подвижники – сумасшедшие, но на самом деле безумны те, кто не интересуется духовностью. Духовные подвижники должны снизойти до уровня людей, погруженных в мирское, чтобы помочь им воспитать хорошие качества и вести их по правильному пути. Может потребоваться, чтобы духовные подвижники находились в гуще толпы и выполняли много разных дел. Только так людей можно направить к осознанию их истинной природы. Люди не осознают свою истинную природу. Готовы ли они сами заняться ее поисками?

Представьте, что всё вокруг вдруг уменьшилось вполовину. То, что имело в длину 200 метров, ужалось до 100 метров. Люди, рост которых был 180 см, стали 90 см ростом. Остался только один человек прежнего роста. Но в глазах остальных он теперь стал уродом! Только он знает, что произошло на самом деле. Но кто станет его слушать? Другие не осознают, что человек ростом 180 см нормален, а с ними самими что-то стало не так.

Дети мои, духовность – это способ познать нашу истинную природу. Духовные подвижники осознают свою истинную природу. Они стараются познать свое истинное «Я». Другие насмехаются над ними и называют их сумасшедшими. Их ввел в заблуждение внешний мир. Таково различие между людьми, обладающими духовностью, и другими.

Дьявол подозрительности

Амма хотела бы также поговорить о проблемах семьи, характерных для нашего времени. Подозрительность – причина большинства семейных раздоров. Многие семьи распались только из-за подозрительности. Сколькие женщины проливают потоки слез! Недавно сюда пришла женщина, которую бросил муж, заподозрив в измене. Она собиралась лишить жизни себя и своих троих детей. Но потом кто-то рассказал ей о Матери из Валликаву и заверил ее, что если она придет сюда, то обретет душевный покой. Поэтому она поспешила к Амме. Амма знает многих таких женщин. Мужья не приносят в дом ни копейки, тогда как жены день и ночь работают, чтобы вести хозяйство и заботиться о детях. Когда мужья пьяные возвращаются домой, они «награждают» их побоями. Существует множество подобных семей, в которых женщины страдают и проливают слезы. Иногда муж выставляет жену на улицу из-за того, что у него появляются какие-то подозрения на ее счет. Куда она может пойти ночью с детьми? В наши дни ситуация в этой стране [Индии] такова, что женщине небезопасно ходить по улице после наступления темноты. Либо ее тело будет найдено на другой день на обочине, либо ее будущее будет погублено. Вот до какой степени ухудшилась ситуация. Присутствующие здесь дети Аммы – мужчины не должны обижаться. Амма говорит это и ради ваших дочерей.

Родители выдают дочь замуж за мужчину, работающего в Персидском заливе. Кто-то может написать клеветническое письмо, и бедную девушку отправят восвояси. На другой день она вернется в родительский дом, где станет подобна сироте. Соседи, не знающие правды, будут во всем винить ее. Какое будущее ждет ее ребенка? Дети мои, кто об этом думает? Только из-за того, что люди слепо верят обвинениям, будет погублена вся семья. В итоге женщина проведет всю жизнь в слезах.

Амма хочет создать организацию для оказания поддержки женщинам, лишившимся опоры. Чтобы это стало возможным, должны прийти на помощь женщины, обладающие острым умом и большим терпением. Тогда мы сможем спасти тысячи семей. Возможно, Амму станут критиковать за это. Путь так. Это не волнует Амму. Она принимает это.

Амме вспоминается одна история. У некоего человека из дома украли вещи. У него был близкий друг, и он стал думать: «Должно быть, это мой друг украл вещи! Последнее время он стал проявлять какую-то нервозность всякий раз, когда мы встречаемся. Достаточно посмотреть на его лицо, чтобы понять, что это вор. А поглядите, как он ходит! Вылитый вор. Определенно, это он украл мои вещи!» Так в его глазах ближайший друг стал отпетым негодяем. Человек забыл, как хорошо к нему всегда относился его друг, и стал видеть в нем только вора и врага. Но всё это было лишь порождением его ума. Вот что такое подозрительность. Стоит только заразиться подозрительностью, как вы изменитесь до неузнаваемости.

Многие супруги, принимающие решение развестись из-за простых подозрений, обнаружили бы, что для подозрений нет причин, если бы только побеседовали друг с другом с открытым сердцем. Проблема испарилась бы, от нее не осталось бы и следа. Божьей милостью Амма смогла воссоединить многие такие семьи, благодаря чему стало стабильным будущее многих детей.

Жертвуйте на благотворительность вместо того, чтобы впустую тратить деньги

Мысли о недавнем землетрясении не выходят у Аммы из головы. Сейчас бесполезно говорить об этом. Что необходимо – так это облегчить страдания людей, находящихся в районе бедствия. Из фонда *ашрама* на эти цели планируется выделить четыреста или пятьсот тысяч рупий. Преданные должны внести в это дело посильный вклад. Благотворительность является неотъемлемой частью жизни домохозяев.

В связи с этим Амме вспоминается следующая история. Один человек решил заняться политикой. Друг сказал ему: «Не лезь в политику, а то тебе придется отдать всё, что ты имеешь». – «Что ж, я готов это сделать». – «Если у тебя две машины, тебе придется отдать одну из них». – «Нет проблем!» – «Если у тебя два дома, тебе придется расстаться с одним из них». – «Прекрасно!» – «Если у тебя есть две коровы, тебе придется отдать одну из них человеку, у которого нет коровы». – «О нет! Это невозможно!» – «Почему? Ты готов отдать машину и дом. Почему же ты не хочешь отдать простую корову?» – «Потому что у меня нет двух машин и двух домов. Но у меня есть две коровы!»

Дорогие мои дети, такова щедрость людей в наши дни. Люди готовы пожертвовать то, чего у них нет, но не готовы пожертвовать то, что имеют! Дети мои, не такой должна быть наша щедрость. Если мы сможем кому-то помочь – даже если нам придется испытать немного неудобств, чтобы это сделать, – это величайший способ поклонения Богу. Денег, которые мы в чрезмерном количестве тратим на еду и одежду, хватило бы, чтобы помочь многим людям. Задумайтесь о том, сколько средств мы сейчас транжирим!

В наши дни многие люди полагают, что будут выглядеть современными, только если будут курить, что курение – признак мужественности. Есть и такие, кто уверены, что курение является признаком ума. На самом деле это признак умственной отсталости! Действительно умные люди – это те, кто любят других так же, как себя. На самой пачке сигарет написано, что курение вредит вашему здоровью. Если люди курят, даже прочитав это, какими их можно назвать – умными или глупыми? Денег, которые курильщики в течение месяца тратят на табачные изделия, было бы достаточно, чтобы решить проблему бедности в Индии.

Дети мои, население земного шара сегодня на миллиард больше, чем пятнадцать лет назад. В Индии каждый год рождаются миллионы детей. Если так будет продолжаться, что будет десять лет спустя? Население растет, а нравственное состояние общества не только не улучшается, а ухудшается. Если мы не будем проявлять осмотрительности, делая каждый шаг, нас ждет мрачное будущее. В каждой семье должно быть не более двух детей. Те, у кого нет детей, должны взять на себя ответственность за воспитание нескольких детей из бедных многодетных семей. Старайтесь привить детям положительные качества. Мы должны быть исполнены решимости жить так, чтобы поддерживать *дхарму* [нравственность]. Истинная духовность – значит посвятить жизнь защите *дхармы*. Дети мои, вы должны постараться соответственно настроить свой ум.

Амма больше не будет беспокоить вас словами. Дети мои, закройте глаза и помолитесь о мире во всем мире. Искренне помолитесь о том, чтобы ваше сердце стало бескорыстным, как сердце матери. Пролейте несколько слезинок к стопам Господа.

Сядьте прямо и помедитируйте пару минут. Представьте, что вы видите яркий свет размером с булавочную головку. Затем представьте, что этот свет кругообразно расширяется и наконец охватывает вас целиком. Взывайте в сердце подобно маленькому ребенку: «Мать! Мать!»[20] Молитесь сердцем, тающим от любви. Постарайтесь наполнить сердце чистотой. Пока бутон не раскроется, мы не сможем наслаждаться его красотой и ароматом. Он должен расцвести! Позвольте своему сердцу расцвести! Тогда вы сможете обнять Бога. Подобно ребенку, берущему камешек и представляющему, что это целый мир, представьте внутри себя Божественную Мать и простодушно помолитесь ей. Забыв обо всем остальном, взывайте: «Мать! Мать!» – и молитесь ей с тающим сердцем: «Мать, позволь мне совершать добрые дела, сделай меня сострадательным, сделай меня великодушным!»

---

[20]   Амма говорит, что Всевышний – и наш Отец, и наша Мать, и Бог, и Богиня. В высшем смысле Он не имеет таких категорий, как род.

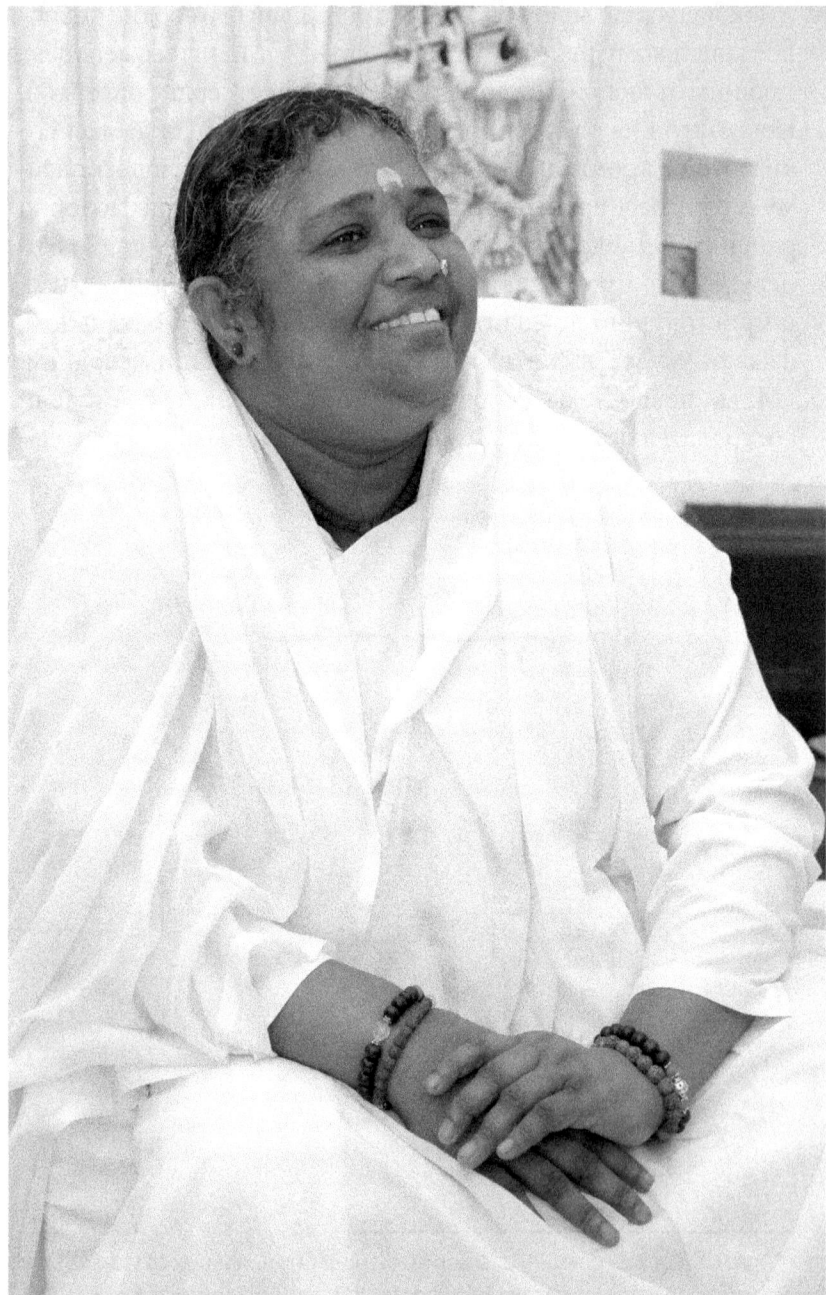

Лишь этот момент реален

Послание Аммы по случаю ее дня рождения, 1994 г.

Приветствую всех детей бессмертия, поистине являющихся воплощениями Любви и высшего «Я».

Дети мои, вы пришли сюда сегодня для того, чтобы отпраздновать день рождения Аммы. Но Амма не видит в этом дне ничего особенного по сравнению с другими днями. У неба нет никакого особого дня. Небо остается постоянным свидетелем смены дней и ночей. До того, как было возведено это здание, здесь было небо; небо осталось здесь и после постройки здания. Небо останется здесь и после того, как это здание снесут. Небо не меняется. Всё пребывает внутри него, внутри пространства, и никто не может запятнать это пространство. Под небом Амма подразумевает не то небо, которое мы видим над нами, а высшее «Я», сущее повсюду и всепроникающее.

Если вы спросите, почему Амма пришла сюда сегодня на *пада-пуджу* [ритуальное омовение стоп], ответом будет, что Амма пришла не ради своего счастья, а только ради вашего. В день рождения мы должны вспоминать не только о рождении, но и о смерти, потому что когда мы рождаемся, рождается и смерть. Мы обычно забываем об этом. Никто из родившихся не может избежать смерти, ибо она следует за всеми как тень. Но многие боятся даже думать о смерти.

Амме вспоминается одна история. Однажды к царю Юдхиштхире[21] пришел брахман и попросил у него денег на свадьбу дочери. Царь, который был очень занят, попросил брахмана прийти на другой день. Это услышал стоявший поблизости брат царя, Бхима. Он приказал всем во дворце:

---

[21] Старший из пяти братьев-Пандавов, героев «Махабхараты». Он был царем, славившимся добродетельностью и набожностью.

– Дуйте в раковины! Бейте в барабаны! Играйте веселую музыку на всех инструментах! Радостно кричите!

Дворец наполнился всеми этими разнообразными звуками. Юдхиштхира удивился.

– Что это значит? – спросил он. – Обычно такие празднования устраиваются только когда царь с победой возвращается после битвы с врагом. Ничего такого сейчас не произошло, так к чему весь этот шум?

Приближенные ответили:

– Это Бхима велел нам так себя вести!

Царь немедленно призвал Бхиму и потребовал объяснений.

– Это выражение радости, которую чувствует народ и я, – сказал Бхима.

– Что вызвало такую радость?

– Сегодня я узнал, что мой брат победил смерть! Так что мы празднуем эту победу.

Озадаченный Юдхиштхира непонимающе посмотрел на Бхиму. Тот сказал:

– Я слышал, как ты велел брахману вернуться за подарком завтра. Но нет никакой гарантии того, что мы будем здесь завтра. Тем не менее ты с уверенностью сказал брахману, чтобы он пришел завтра. Разве ты сказал это не потому, что одолел смерть?

Только тогда Юдхиштхира понял свою ошибку. Он забыл истину, что смерть может настичь человека в любой миг, и то, что нужно сделать в данный момент, должно быть сделано прямо сейчас. Делая выдох, мы не можем быть уверены, что снова сделаем вдох. Смерть с нами при каждом дыхании.

Только тот, кто понял, что такое смерть, может жить по-настоящему, потому что настанет момент, когда смерть отнимет это тело, которое мы считаем истинным «я», равно как наше имущество, детей, родных и близких. Если мы будем помнить истину, что смерть всегда с нами, то, независимо от того, боимся мы ее или нет, сможем направить жизнь по правильному пути и возвыситься до состояния за пределами рождения и смерти. Понимание того, что такое смерть, помогает нам понять жизнь. Все безуспешно пытаются сделать свою жизнь абсолютно счастливой. Причина неудачи состоит в следующем: что бы мы ни приобрели сегодня, мы потеряем это завтра, и эти потери причиняют нам бесконечные страдания. Но когда мы поймем преходящую природу вещей, их потеря не будет ослаблять нас – напротив, она будет вдохновлять нас возвыситься до состояния, находящегося за пределами мира вещей. Мы должны прямо сейчас, в это мгновение, начать прилагать все усилия для того, чтобы достичь этого состояния, потому что нет никакой гарантии, что мы будем здесь мгновение спустя.

Потеря одного мгновения – поистине великая потеря. Если вы хотите заняться медитацией, сделайте это прямо сейчас. Если есть задача, которую необходимо выполнить сейчас, следует взяться за нее сразу, не откладывая ни на миг. Вот какой у нас должен быть умственный настрой. Вот какой решимостью мы должны обладать. Думаем мы о смерти или нет, мы убиваем каждую клеточку тела, заботясь лишь о том, как испытать внешнее счастье. Наш нынешний образ жизни отравляет нас, а мы всеми силами тянемся к нему и принимаем его, не сознавая, что это яд.

Все страны, политики и ученые стремятся повысить уровень жизни. Чтобы добиться этого, они в максимальной степени развили свой интеллект. Внешний мир стал развит настолько, насколько это возможно. Но ощущают ли люди полное счастье или удовлетворение? Нет. Внутренний мир продолжает приходить в упадок. У нас могут быть дома с кондиционерами, машины и самолеты, но разве не правда, что мы можем спокойно спать, только если наш ум пребывает в покое? А разве может человек, не имеющий внутреннего покоя, питаться здоровым образом?

Живите, сознавая Истину

Качество жизни зависит не только от тела, внешних объектов и внешнего благополучия. Истинное счастье зависит от ума. Если мы сможем держать ум под контролем, всё будет в нашей власти. Истинное знание – это знание того, как контролировать ум. Это духовное знание. Только утвердившись в этом знании, мы сможем правильно использовать другое приобретаемое нами знание. В давние времена в некоторых семьях было по 30-50 человек, и они жили вместе в большой любви, терпимости и единстве! Жизнь в атмосфере любви и мира была возможна лишь благодаря осознанию духовных принципов. Они понимали жизнь и ее истинную цель. Они строили жизнь на фундаменте духовности. Но сегодня всё это считается не более чем мифом. В наши дни, если в семье три человека, они живут так, словно каждый находится на отдельном острове. Каждый человек живет по-своему, и отсутствует чувство единства. Если мы научимся понимать духовность, то сможем исправить ситуацию, по крайней мере, в своей семье.

Духовность – это принцип, сближающий наши сердца. Те, кто умеют плавать в океане, наслаждаются волнами. Каждая волна приводит их в восторг. Но тех, кто не умеет плавать, волны могут унести. Аналогично люди, сведущие в духовности, встречают все жизненные препятствия с улыбкой.

Духовность – это принцип, позволяющий нам принимать любые ситуации, включая кризисные, с улыбкой. Тех же, кто не знаком с этим принципом, может сломить даже незначительное препятствие. Если неподалеку от нас неожиданно взорвется петарда, мы вздрогнем, но если мы будем знать, что она должна взорваться, то это нас не напугает. Если мы будем сохранять осознанность, то нас не поколеблет наступление неблагоприятных обстоятельств.

Некоторые люди полагают, что духовность – это слепая вера. Но духовность – это идеал, устраняющий тьму. Многие вводят молодежь в заблуждение, вместо того чтобы объяснять ей истинные духовные принципы. Некоторые говорят, что религия – это, в конце концов, не пища для голодающих. Это правда, но Амма хотела бы кое-что спросить у людей, делающих подобные заявления. Почему многие люди, которые едят вдоволь, спят в комнатах с кондиционерами, владеют яхтами и самолетами, лишают себя жизни: принимают яд, стреляются, бросаются под поезд или вешаются? Не указывает ли это на тот факт, что существует нечто за пределами счастья, получаемого от вкусной еды и роскоши? Поэтому то, что нам необходимо принять и чему необходимо следовать в жизни, – это истина, ведущая к миру, то есть духовный путь. Дети мои, приобретение домов и накопление богатства, погоня за властью и престижем – всё это подобно коллекционированию расчесок лысым человеком! Это не значит, что вы должны сидеть сложа руки. Усвоив принцип духовности, совершайте все действия без привязанности.

Дети мои, мы все являемся разными формами единого высшего «Я», как одинаковые конфеты в разных обертках. Конфета в зеленой обертке говорит конфете в красной обертке: «Ты и я отдельны друг от друга». Красная говорит синей: «Я – это я, а ты – это ты; мы различны». Но если мы снимем обертки, то увидим, что конфеты все одинаковые. Такое же чувство различия существует у нас. Не сознавая, что в реальности мы не отличны друг от друга и не разделены, мы впадаем в заблуждение при виде внешних форм – и посмотрите, какие это порождает проблемы! Почему люди не признают этого? Потому что мы утратили сердце ребенка. В результате мы не осознаём сути нашего истинного «Я» [*Атмана*]. Мы не способны испытать блаженство Брахмана [абсолютной Реальности].

Когда Амма говорит о сердце ребенка, она подразумевает проницательное сердце. Вы можете сказать: «Но у детей нет проницательности». На самом деле имеются в виду вера и воображение ребенка. Маленький мальчик берет камень и называет его троном – и тогда камень становится для него троном. Когда мальчик стоит у камня с палочкой в руке и изображает царя, держащего меч, в его представлении он действительно царь. Он говорит и ведет себя как царь. Он не думает, что сидит на камне и держит в руке палочку. В его представлении он орудует настоящим мечом. Мы утратили эту силу воображения, веру и чистоту. Мы стали полны зависти и недоброжелательности. Духовному искателю необходимо чистое сердце и проницательный ум. Только тогда он сможет наслаждаться духовным блаженством. В жизни такого человека нет места горю или разочарованию.

Дети мои, если вы хотите испытать покой, вы не сможете сделать этого без чистоты сердца. Бог может пребывать только в чистом сердце.

Жизнь, полная неопределенности

Птицы сидят на веточках деревьев, где они едят и спят. Но они знают, что если подует ветер, то веточка, на которой они сидят, может сломаться. Поэтому они постоянно сохраняют бдительность, готовые в любой момент вспорхнуть и улететь. Объекты этого мира подобны веточкам – их можно потерять в любой момент. Чтобы не погрузиться в пучину страданий, когда это произойдет, мы должны крепко держаться за высший Принцип. Если дом будет гореть, никто не скажет: «Давайте потушим пожар завтра!» Мы загасим огонь немедленно. Наша жизнь сегодня может быть полна горя, но вместо того чтобы постоянно думать об этом, разрушая свое здоровье и впустую тратя время, мы должны попытаться найти решение.

Дети мои, то, что мы имеем сейчас, не останется с нами навсегда. Наш дом, наши деньги и вещи не будут принадлежать нам вечно. В конечном счете ни один из этих объектов не будет нашим спутником. Лишь Всевышний – наш вечный спутник. Амма не говорит, что мы должны отказаться от всего или чувствовать отвращение по отношению к кому-либо. Амма имеет в виду, что мы должны признать: ничто не вечно. Наша жизнь должна быть свободной от привязанностей. Это единственный путь к обретению покоя.

Мы плывем по морю на утлом челноке. Вдруг небо темнеет. Надвигается шторм. Начинается ливень, и море вспенивают гигантские волны. Что мы будем делать? Мы постараемся причалить к берегу, не теряя ни мгновения. Дети мои, мы находимся в схожем положении. Мы не можем терять ни секунды. Нам нужно грести вперед к Всевышнему. Это наше единственное прибежище. Постоянно медитируйте на Всевышнего. Это единственный способ избавиться от страданий.

Дети мои, вы много работаете ради собственного благосостояния, но не забывайте смотреть вокруг. Подумайте о проливных дождях, которые шли в последние месяцы. Тысячи людей всё это время проводили бессонные ночи под текущими крышами, боясь, что их хижина рухнет. Когда вы будете поднимать стаканы с алкоголем, вспомните об этих людях. На деньги, которые мы каждый месяц выбрасываем на ветер, можно было бы покрыть их крыши. Тогда эти люди могли бы спокойно спать ночью. Многие бедные дети, являющиеся лучшими учениками в классе, вынуждены бросать учебу из-за нехватки средств, и становиться детьми улицы. Каждый раз, когда вы надеваете дорогую одежду, представляйте лица этих невинных детей.

Дети мои, Амма никого ни к чему не принуждает. Она просто помнит о бедственном положении мира, вот и всё. Амма уверена в одном: если ее дети действительно постараются, они смогут изменить ситуацию. Дети мои, только это будет настоящим поклонением Богу! Это то, чего Амма ждет от вас.

Я – Любовь, воплощение Любви

Послание Аммы по случаю ее дня рождения, 1995 г.

Дети мои, смирение и терпение – основа всего. Нам необходимо иметь такой умственный настрой. Сейчас этого настроя нет, поэтому в обществе возникают конфликты. Современный мир превратился в поле битвы. В подобном мире нет родственников, друзей или близких – есть лишь враги, стремящиеся уничтожить друг друга. Сейчас они объединяют силы для борьбы с общим противником, а в следующий момент разделяются и начинают воевать друг с другом. Мы наблюдаем это очень часто. Люди стали эгоистичными, высокомерными и непредсказуемыми. Дети мои, старайтесь взращивать терпение, любовь и доверие по отношению друг к другу.

Дети мои, мы не осознаем того, что несвободны, из-за привязанности к нашим отношениям. Дело не в том, что нельзя иметь отношений, но когда мы устанавливаем связи, необходимо четко осознавать то место, которое отводим данному объекту или человеку в нашей жизни. Истинная любовь возникает только тогда, когда отношения основаны на взаимопонимании. Наша связь – будь то с человеком или объектом – не должна усиливаться или ослабевать в зависимости от обстоятельств. Люди говорят: «Я люблю тебя!», но это неправильные слова. «Я – любовь, само воплощение любви» – вот истина. Когда мы говорим: «Я люблю тебя» – есть «я» и «ты». А любовь ютится где-то между ними. От нас к другим должна излучаться любовь и ничего, кроме любви. Любовь не должна становиться сильнее или слабее в зависимости от обстоятельств. Мы все должны научиться быть воплощениями любви. Тогда мы не причиним никому вреда, а будем всем приносить лишь благо. Это принцип, который мы должны осознать.

Подобно птице с подрезанными крыльями, сидящей в золотой клетке, мы – узники собственных умов. Мы скованы цепями славы, положения в обществе и богатства, а цепи эти прикрыты красивыми цветами. Чтобы достичь свободы, нам сначала следует разбить цепи, в которые мы закованы. Для этого необходимо увидеть цепи и перестать обращать внимание на цветы. Цветы и прочие украшения поверхностны. Приглядевшись повнимательнее, мы увидим скрытые под ними цепи. Нам следует понять, что тюрьма – это тюрьма, а не наш дом. Лишь тогда наши умы устремятся к свободе. Лишь тогда мы сможем достичь цели.

Два плюс два равно...

Обратимся к ситуации в современной семье. Мужчина скажет, что два плюс два четыре, а для женщины сумма два плюс два может равняться не только четырем, а быть какой угодно! Мужчина живет в интеллекте, а женщина – в сердце. Пусть дети Аммы – женщины не расстраиваются, услышав это. Есть женское начало в мужчинах и мужское начало в женщинах. Как правило, мужчины тверды в своих решениях и не поддаются влиянию обстоятельств. Зная, как мужчина вел себя раньше, можно спрогнозировать его поведение в любой ситуации. Иное дело женщина: ее природа слабее, она поддается влиянию обстоятельств. У нее сострадательное сердце. Эта сострадательная природа является основной причиной ее бед. Невозможно предугадать, как поведет себя ум женщины в определенной ситуации.

Мы отправляемся в путешествие по жизни, «экипированные» сердцем и умом. Сердце и ум «тянут» нас в противоположных направлениях. Из-за этого в семейной жизни часто отсутствуют мир и гармония. Духовность – это «член семьи», который объединяет разнонаправленные сердце и ум, утверждая необходимый ритм и гармонию. Духовность – это звено, соединяющее сердце и ум. Жизнь становится настоящей только тогда, когда мы отводим в ней надлежащее место духовности. Обычно интеллект не достигает сердца, а сердце – интеллекта. В таких условиях протекает семейная жизнь в наши дни.

Многие женщины жалуются Амме: «Амма, я рассказываю мужу обо всём, что наболело на сердце. Он в ответ только мычит, не проявляя никакой отзывчивости. Думаю, он меня не любит». Тогда Амма сразу же спрашивает у мужа этой женщины: «Сын мой, что я слышу? Разве ты не любишь мою дочь?» А он отвечает: «Это неправда, Амма! На самом деле я ее люблю!» Дети мои, это как мед, скрытый в скале, – никто не может испытать его сладость. Если мы хотим ощутить сладость меда, нужно, чтобы он попал к нам в руки. Так и любовь не следует прятать внутри – любовь необходимо проявлять, когда это уместно. Жена не испытывает счастья от любви, спрятанной в сердце ее мужа. Дети мои, поскольку вы не знаете сердец друг друга, недостаточно держать любовь «запертой» в ваших сердцах. Вы должны *проявлять* любовь – в словах и делах. Амма говорит это ради любви и гармонии в семейной жизни. Не проявлять любви – это всё равно что давать куски льда человеку, которого мучит жажда. Лед не может утолить ничьей жажды. Дети мои, вы должны встать на уровень друг друга и любить друг друга всем сердцем. Вы должны понимать любовь друг друга.

Амме вспоминается одна история. Жили-были муж с женой. Жена очень любила животных. Однажды супруги пошли в зоомагазин, где женщина увидела обезьяну и загорелась желанием ее купить. Но муж ей не разрешил. Однако и после возвращения домой она продолжала мечтать об обезьяне. Однажды, когда мужа не было дома, она пошла в зоомагазин и купила животное. Когда муж вернулся, он увидел привязанную к стойке обезьяну.

– Зачем ты это сделала? – спросил он жену.

– Я не могла удержаться, поэтому пошла и купила ее, – ответила она.

– Но чем ты собираешься ее кормить?

– Мы будем кормить ее тем же, что едим сами.

– А где она будет спать?

– На нашей кровати.

– Но будет отвратительно пахнуть!

– Ну и что? Если я терпела это последние двадцать лет, уверена, что бедное животное тоже сможет это вытерпеть!

Что это значит? Это значит, что мирская любовь поверхностна. В наши дни любовь редко основана на взаимопонимании. Людские сердца не знают друг друга. Жена не понимает сердца мужа, а муж не понимает сердца жены. Никто не готов идти на компромисс. Так мы и живем. Как может быть мир в такой жизни? Благодаря духовности мы становимся готовы понимать друг друга и идти друг другу навстречу. Причина всех неудач в жизни – неспособность идти на взаимные уступки.

Первая любовь, которую мы испытываем, – это любовь матери. В любви матери к ребенку нет ничего нечистого. Эта любовь не основана ни на каких ожиданиях. Материнская любовь жизненно необходима для развития ребенка. Хотя считается, что жители Запада развиты интеллектуально, многие из них страдают от умственных расстройств. Причина кроется в недостатке материнской любви. Даже если в машине есть бензин, нужен аккумулятор, чтобы она завелась. Так и любовь, получаемая нами от матери, которая произвела нас на свет, является основой нашей жизни.

Вы можете спросить: «Разве любовь, которую проявляют по отношению к нам другие, не является любовью?» Да, это тоже любовь, но к ней всегда примешано ожидание. Если жена совершит ошибку, муж бросит ее. Если муж совершит ошибку, жена бросит его. Это такая любовь, которая испаряется при совершении малейшей оплошности. Такова природа животных умов.

Мы любим корову за ее молоко, но когда она перестанет доиться, мы, быть может, подержим ее еще несколько дней, а потом продадим мяснику. Такова мирская любовь. Амма не может назвать это настоящей любовью. Духовность – это то, что позволяет нам превзойти животный менталитет и подняться до Божественного уровня. Супруги могут расходиться, но матери не хотят расставаться с детьми, по крайней мере, девяносто процентов матерей не хотят. Именно любовь матери позволяет ребенку принимать любовь, проистекающую из мира, и самому дарить любовь. Запомните, дети мои: если мать перестанет любить ребенка, это может стать причиной его жизненного краха, и даже более того – причиной краха государства.

Учите язык сердца

Мы живем в мире рассудка. Люди забыли язык сердца. Сегодня язык сердца – язык любви, доверия и уважения к другим – утрачен.

Однажды женщина показала мужу написанное ею стихотворение. Она была поэтессой, а ее муж был ученым. По настоянию жены он прочел стихотворение. Оно было посвящено ребенку. «Лицо ребенка подобно луне, глаза подобны лепесткам лотоса…» – каждая строчка была украшена подобными образами. Женщине не терпелось услышать мнение мужа. Закончив читать, он сказал: «Что это ты написала? Люди потратили миллионы на то, чтобы попасть на Луну, и что они там нашли? Несколько камней. Там нет даже воздуха. Если носить Луну на голове, сломаешь шею!» Остальную часть стихотворения он раскритиковал столь же язвительно. Наконец жена сказала: «Тебе не понять этого стихотворения. Отдай его мне». Муж рассматривал стихотворение через призму интеллекта. Он не чувствовал его сердцем. Он видел на Луне лишь камни. Привыкнув доверять только тому, что воспринимается органами чувств, люди утратили детскую невинность.

Человеческий интеллект развился до такой степени, что сегодня люди не способны жить без машин, которые всё за них делают. У них есть даже машинка для чистки зубов! Из-за повсеместного использования техники люди не получают достаточно физической нагрузки. Чтобы поддерживать здоровье, необходимо находить время для физической деятельности. Таким образом, очевидно: то, что дает нам комфорт, в то же время ослабляет нас. Сегодня люди постоянно испытывают напряжение. У них есть все возможные материальные блага, но нет ни мгновения покоя.

Родители начинают беспокоиться, как только выясняют, что ребенок, который еще в утробе, – девочка. Их беспокойство не ослабевает, пока они не вырастят ее, не дадут ей образование и не выдадут замуж. В наши дни люди в равной мере беспокоятся о сыновьях. Не успев поступить в колледж, юноша уже требует мотоцикл, и дома не будет покоя, пока он его не получит. Он готов сокрушить всё, что попадется под руку. Он угрожает покончить с собой, если ему не купят то, что он хочет. Современные родители сталкиваются со многими подобными проблемами. Родители, которые надеялись, что дети будут заботиться о них, когда вырастут, теперь боятся, что дети их прикончат! Вот до чего дошло человечество. Причина заключается в том, что сегодня каждый думает только о себе. Вот до какой степени вырос эгоизм. По мере развития интеллекта сердце иссыхает. Ушли в прошлое те дни, когда мы ощущали чужие беды как свои собственные. Сегодня люди без колебаний ставят других в трудное положение ради собственного счастья. Если мы хотим, чтобы ситуация изменилась, развиваться должен не только интеллект, но и сердце.

Поток любви должен быть направлен и вниз

Зачастую мы стремимся снискать расположение людей, которые стоят на более высокой ступени социальной лестницы или богаче нас. Но это неизменно делает нас несчастными. Есть тысячи людей, которым в жизни гораздо тяжелее, чем нам, у которых гораздо больше бед. Почему мы не думаем о них? Если мы сравним свою жизнь с их жизнью, то увидим, что наша жизнь – рай. Думая о тех, кто состоятельнее нас, мы огорчаемся из-за того, что бедны, что у нас нет такого богатства, как у них. Когда мы заболеваем, то начинаем причитать: «Ой-ой-ой! Мне так плохо!» Но вокруг много людей, страдающих от гораздо худших заболеваний, чем наши. Если мы подумаем о них, то наши проблемы покажутся не столь серьезными. Мы должны стараться освободиться от страданий, утешая свой ум подобным образом. Если мы будем думать иначе, наша жизнь наполнится горем.

Мы редко испытываем желание служить простым людям. Мы не находим времени, чтобы разделить их печали. Мы не готовы предложить им посильную помощь. Но на самом деле это тоже способ поклонения Богу. Если бы мы только стремились это делать, то получили бы ключ от врат, ведущих в мир радости.

Любите бедных всем сердцем. Сочувствуйте им. Давайте считать нашей *дхармой* [долгом] любить их и служить им. Давайте рассматривать это как обязанность, вмененную нам Богом. Когда мы выработаем такое отношение к жизни, мы обнаружим, что у нас нет времени горевать о собственных бедах. Известно, что более трети населения Индии живет в бедности. Если все мы проявим осознанность, откажемся от ненужных расходов и будем помогать друг другу, то никому в этой стране не придется голодать. Бог дал достаточно всего для всех, но некоторые присвоили предназначенное для других. Они не осознают, что из-за этого голодают их братья и сестры. Люди могут жить в материальной роскоши, но если они не готовы проявлять сострадание по отношению к бедным и помогать нуждающимся, то испытывают внутреннюю нищету. В мире Бога они воистину беднейшие из бедных; им не избежать душевных мук, обусловленных недостатком милосердия.

Бесполезно зажигать священную масляную лампаду или делать подношения Богу, не привнеся немного света в жизни бедняков. Мы должны протянуть бедным руку помощи. Мы должны любить их и служить им. Без этого, сколько бы мы ни медитировали, мы не сможем ощутить сладости медитации. Помощь, оказанная другим, – вот что придает нашей медитации сладость.

Амма видит людей, которые страдают из-за того, что не могут найти работу, и пристрастились к наркотикам. Употребление наркотиков не поможет им найти работу, а лишь отяготит положение их семей. Даже если у вас есть всего пять соток земли, постарайтесь на ней что-нибудь вырастить. Не чурайтесь занятия сельским хозяйством, даже если имеете высшее образование. Если вы не можете сделать ничего другого, то по крайней мере посадите во дворе несколько банановых деревьев. Пусть наш упорный труд принесет средства к существованию нам и нашим семьям.

Дети мои, закройте глаза и представьте образ Божественной Матери. Или представьте, что Божественная Мать стоит перед вами. Нет необходимости думать о внешнем и внутреннем, о Всевышнем с качествами или без качеств и т.д. Просто постарайтесь сосредоточить ум. Не беспокойтесь, если не можете представить образ. Закройте глаза и тихонько позовите: «Мать! Мать!» Кто-то может спросить: «Разве Бог не внутри нас?» Да, Бог действительно внутри нас, но *мы* не внутри себя: наш ум гоняется за множеством внешних объектов. Повторение мантры – средство, помогающее обратить блуждающий ум внутрь. Сказать:

«Мать!» – то же самое, что сказать: «О вечная Любовь, вечное Сострадание, веди меня!»

Ом шанти, шанти, шанти[22]!

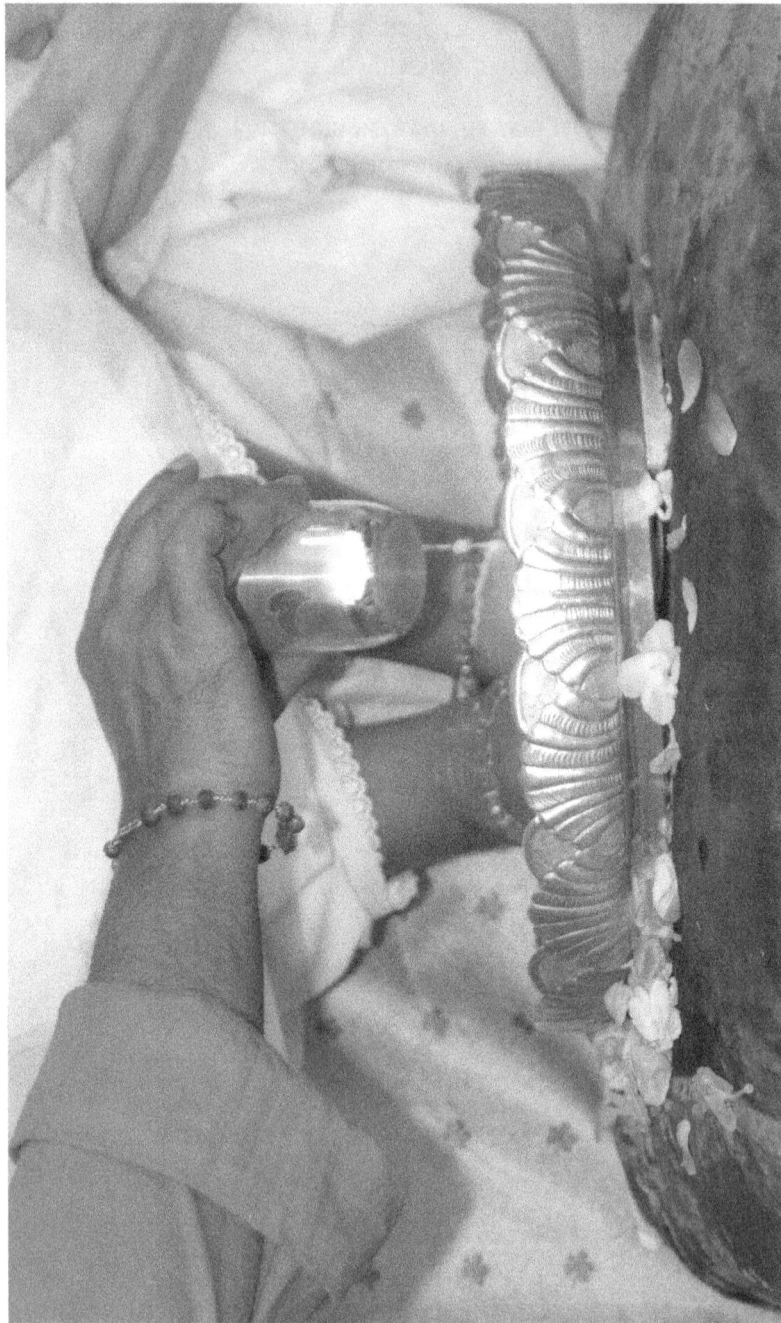

Свами Амритасварупананда проводит пада-пуджу во время празднования дня рождения Аммы

Возрождение древней культуры Риши

Послание Аммы по случаю ее дня рождения, 1996 г.

Приветствую вас, воплощения Любви и высшего «Я»!

У духовных подвижников нет дней рождения, юбилеев и т.д. Они должны отказаться от всего этого. Амма согласилась на эти празднования только ради счастья своих детей, однако что сделало бы Амму действительно счастливой, – так это если бы в этот день вы дали обет усвоить нравственные ценности нашей культуры, тем самым восстанавливая нашу *самскару*, и выполнили этот обет. Нам следует принять твердое решение сделать это.

Многие люди задаются вопросом: «Куда мы идем?» Это очень важный вопрос. Куда идет Индия, страна *Риши* [просветленных мудрецов древности]? Это вопрос, который должен осмыслить каждый из нас. Времени для этого уже практически не осталось. Откладывать решение данного вопроса нельзя – это будет опасно. Амма говорит подобное не для того, чтобы напугать своих детей. Она просто открыто констатирует истину. Еще есть надежда. Если мы осозна́ем грозящую нам опасность и будем проявлять осторожность, то сможем избежать беды.

Мы живем в эпоху лжи и неправедности. Люди потеряли способность к различению. В силу разных причин запятнано доброе имя многих людей, которые призваны вести за собой общество. Повсеместно наблюдается упадок *дхармы* [нравственности]. Амма часто думает о том, что необходимо совершить революцию. Должна наступить *пралайя* [растворение], и для этого не нужно ждать 2000-го года. Революция должна свершиться здесь и сейчас – мы не можем откладывать ее больше ни на минуту. Революция, о которой говорит

Амма, – это революция ума. У нас есть ум, но нет осознания. Поэтому нам необходимо очистить ум. Духовность – уникальный дар, преподнесенный нам мудрецами древности. Без понимания духовности наша жизнь будет наполнена тьмой. Если мы хорошенько не усвоим духовную культуру, в нашей жизни не будет смысла.

Если же мы поймем духовность и будем жить в соответствии с ее принципами, наша жизнь наполнится смыслом, красотой и радостью. Итак, с какой точки зрения ни посмотри, напрашивается только один вывод: возрождение духовности в нашей жизни абсолютно необходимо. Наша Мать Дхарма поражена сердечной болезнью. Необходимо срочно сделать ей операцию, чтобы она выздоровела. Дети мои, вы должны дать обет начать жить в соответствии с духовными принципами прямо сегодня.

Бхарат, земля дхармы

В наши дни люди не хотят даже произносить слово «*дхарма*». Бхарат [Индия] – земля *дхармы*. *Дхарма* – это принцип расширения, сущность любви. Говорят, что *дхарма* Индии подобна следу слона, который так велик, что может вместить следы других животных. Так и *дхарма* Индии, культура Индии настолько широка, что может объять всё. Но сегодня она приходит в упадок. Этот процесс необходимо остановить.

Наука и культура

Наша культура основана не на науке – она берет исток в *самскаре*, которая, в свою очередь, проистекает из духовности. Амма не принижает значение науки: благодаря науке мы можем пользоваться благами цивилизации и жить в физическом комфорте, но чтобы в жизни сформировалась *самскара*, необходима духовность.

Откуда взялась наша *самскара*? Мы получили ее от *Риши*, мудрецов древности. Наша *самскара* содержит жизненные принципы, которым следовали *Риши* и их потомки из поколения в поколение. Она по-прежнему внутри нас – она не утрачена полностью. Сегодня жизненно необходимо возродить и вновь утвердить ее.

Нам известно, чего достигли мудрецы. Как снег в Гималаях тает на солнце и превращается в многочисленные реки, стекающие вниз ради блага мира, так любовь, сострадание и милость мудрецов, познавших Брахмана, абсолютную Реальность, излучается на всех живых существ. Их любовь устраняет наше эго, делает наш ум беспредельным как Вселенная и вдохновляет нас жить ради блага мира. Это *дхарма*, которой следуют потомки *Риши*. Необузданная жизнь современных людей воздвигает стену, преграждающую поток этой любви и бескорыстия.

Гуру и ученик

Духовные Учителя и ученики в древних *гурукулах*[23] вместе повторяли определенную мантру[24]. Духовный Учитель был более высоко развит, чем сидевшие перед ним ученики. Тем не менее Учитель повторял эту мантру вместе с учениками:

Ом сахана авату
Саханау бхунакту
Сахавирьям карававахей
Теджасви навадхитамасту
Ма видвишавахей
Ом шанти шанти шанти.

Да защитит Господь всех нас.

---

[23] В Древней Индии – центры, где дети получали всестороннее образование, основанное на Ведах, живя и обучаясь под руководством Гуру.

[24] Это вводная мантра (шанти-мантра, или молитва о мире) всех Упанишад, относящихся к Кришна-Яджурведе. Кришна-Яджурведа является частью Яджурведы, одной из четырех Вед.

Да позволит Он нам наслаждаться блаженством
высшего «Я».
Да станем мы доблестными и великолепными.
Да будем мы вместе устремляться к цели и да будет
наша учеба плодотворной.
Да не будет у нас разногласий.
Ом мир, мир, мир.

Вот каким смирением обладали представители рода
Риши. Они не думали, что их мудрость должна приносить
пользу только им самим. Где теперь эта мудрость, поощ-
рявшая смирение и *самскару*? Что мы наблюдаем в школах
сегодня? Ученики думают, что они умнее учителей. Учителя
думают: «Какие они дерзкие! Разве их можно чему-то научить?» Однако ни учителя, ни ученики не пытаются проана-
лизировать проблему и понять ее причину. В результате учителя стали подобны роботам, а ученики – каменным стенам.
Они не любят друг друга, и передачи знания не происходит.
Было время, когда атмосфера в школах была совсем иной.
И учителя, и ученики были полны энтузиазма. Дети были
полны желания слушать учителя, а учителя были полны
желания передавать знания ученикам. Сколько бы времени
они ни проводили вместе, им это никогда не наскучивало.

Раньше в школах было не принято делать заметки
и учиться по ним. Без помощи ручки и книги ученики
выучивали больше, чем люди в наше время выучивают за
всю жизнь. Они запоминали Веды, Веданги,[25] Итихасы[26] и
эпические произведения. В былые времена ученики, сидя
подле учителей, усваивали знания, которые те давали, через
любовь. Ученикам была неведома усталость. Они развива-
лись каждое мгновение.

[25] Веданги – это примыкающие к Ведам руководства по различным
отраслям знания.
[26] Сказания.

Где есть любовь, там ничто не может быть обузой. Подобно расцветающему бутону, сердце ученика открывается любовью Учителя. Милость Учителя сама собой струится в сердце ученика. В прошлом ученики не просто слышали каждое слово учителя – они переживали его на своем опыте. Так происходило обучение в те дни. Что стало с нашей системой образования сегодня?

Любить детей

Раньше детей отправляли в школу в возрасте пяти лет. Теперь детей часто посвящают в алфавит[27], едва им исполнится два с половиной года. К Амме тоже приводят детей для этого посвящения.

Пока детям не исполнится пять лет, их нужно просто любить и давать им свободу. Их свободу не следует ограничивать. Им нужно разрешать свободно играть. Мы должны следить, чтобы с ними ничего не случилось – чтобы они не обожглись и не упали в воду, вот и всё. Как бы маленькие дети ни шалили, их нужно только любить. Их нужно растить в лоне любви, которая будет защищать их подобно утробе матери. Но в наши дни дело обстоит иначе. Многих детей отправляют в школу слишком рано, и это не приносит им ничего, кроме напряжения. Это всё равно что посадить червей в бутоны, которым суждено расцвести и превратиться в прекрасные благоухающие цветы! Даже если бутоны, в которых живут черви, расцветут, они будут изуродованы. По мере взросления детей, ненужный груз, который на них взваливают, будет тормозить их умственное развитие. Чтобы ситуация изменилась, родители сначала должны сами обрести некоторое понимание духовности, а затем передать его детям. Все должны осознавать роль духовности в жизни.

---

[27] Видьямбарам – традиционная церемония, в ходе которой Гуру или кто-то другой из взрослых помогает ребенку впервые в жизни начертить буквы, водя его пальцем по блюду с рисом.

Образование в области, относящейся к материальному миру, поможет нам получить работу, чтобы зарабатывать на пропитание, но смысл жизни не сводится лишь к этому.

Духовность – полнота жизни

Жизнь становится совершенной лишь тогда, когда мы усваиваем духовность. Отсутствие духовности – вот причина проблем в сегодняшнем мире. Без духовности мы не сможем избавиться от напряженности в мире.

Недавно одна очень известная актриса кино совершила самоубийство. Судя по всему, ее толкнуло на этот шаг чувство, что ее никто не любит. Когда вы не получаете любви от человека, от которого ее ожидаете, вы перестаете видеть в жизни смысл. Вот как дело обстоит в сегодняшнем мире. Но этого не произойдет, если человек усвоит духовные принципы. Понимание духовности поможет нам осознать, что такое настоящая жизнь и настоящая любовь. Сегодня никто не пытается возродить *дхарму,* ведущую не к смерти, а к бессмертию, и жить в соответствии с этой *дхармой.* Вместо этого люди льют слезы и жалуются, что жизнь приносит им лишь страдания. Они не придают значения *дхарме,* считая ее чем-то слишком старомодным, и даже совершают самоубийства. Давайте не будем уподобляться им, давайте, напротив, постараемся жить согласно *дхарме.* Тогда мы осозна́ем, что такое жизнь на самом деле, что значит истинное счастье и красота.

«Кондиционер» для ума

Дети мои, если наука выполняет роль кондиционера для внешнего мира, то духовность – это «кондиционер» для мира внутреннего. Духовность – это знание, которое действует на ум, как кондиционер. Духовность не имеет ничего общего со слепой верой: это принцип, рассеивающий тьму.

Если вы протянете ребенку две руки, в одной из которых будут шоколадные конфеты, а в другой – золотая монета, какую руку он выберет? Ту, в которой конфеты. Ребенок не понимает, что на золотую монету можно купить много шоколадных конфет. Таково наше состояние сегодня. Нас притягивает материальный мир, и мы теряем чувство реальности.

Бог – это сладость, которой невозможно пресытиться. Бог – источник и освобождения, и мирского процветания. Сегодня люди отказываются от Бога и гоняются за материальными благами, которые существуют лишь несколько мгновений. Это может привести только к разочарованию. Каждое мгновение, когда вы находите прибежище в Боге, – это блаженство и благоденствие. Ничто не может с этим сравниться. Время, проведенное в медитации на Бога, никогда не может быть потеряно. Никто, медитирующий на Бога, никогда не умирал от голода. Поэтому не стоит думать, что такая медитация – пустая трата времени. Нам следует воссоздать этот путь. Мы должны вдохновлять других следовать этим путем. Это не может быть «невыгодным предприятием»: вы извлечете из этого только пользу.

Бог – это опытное переживание

Мы можем достичь Бога, пребывающего внутри нас, лишь благодаря медитации. Невозможно сказать, насколько красив или ароматен цветок, когда он пребывает в состоянии бутона. Он должен расцвести. Дети мои, откройте бутоны своих сердец! Вы обязательно сможете наслаждаться Божественным блаженством. Мы не видим поток электричества, но мы почувствуем его, если дотронемся до электрического провода. Бог – это *опытное переживание*. Медитация – путь к этому опытному переживанию. Устремляйтесь к этому, дети мои, и вы непременно добьетесь успеха.

Почему?

Многие из детей, приходящих к Амме, говорят: «Амма, я не могу искренне смеяться. Я не могу ни с кем беседовать по душам. Амма, мне всегда грустно».

Дети мои, задайтесь вопросом, в чем причина этой грусти. Спросите себя: «Чего мне не хватает? Отсутствие чего вызывает эту грусть? Что за бремя меня тяготит?» Если вы сделаете это, то найдете ответ.

Посмотрите на Природу. Посмотрите на дерево: как блаженно оно качается на ветру. Посмотрите на птиц. Они поют, забыв обо всем остальном. А речушка – как весело она течет, мелодично напевая. А цветы? А звезды, солнце и луна? Всюду только радость. Почему мы единственные, кто печалится, хоть мы и пребываем в гуще этой радости? Почему только мы несчастны? Постарайтесь это осмыслить, и вы поймете причину: ни у одного из этих природных элементов нет эго. Эго есть только у нас. «Я – такой-то, я хочу стать тем-то, я хочу то-то», – вот о чем мы всё время думаем. Но это «я», которым мы так поглощены, не останется с нами после смерти. Из этого чувства «я» невозможно извлечь никакой пользы. Если мы будем крепко держаться за это «я», это принесет нам лишь страдания. Поэтому, дети мои, откажитесь от этого «я» и поднимитесь! Тогда вы будете счастливыми и радостными. Будьте счастливы, дети мои. Нам принадлежит лишь это мгновение. Мы не можем быть уверены, что сделаем следующий вдох. Поэтому постарайтесь радоваться, не предаваясь печали ни мгновения. Однако это невозможно, если мы не откажемся от чувства «я».

Это знание – благой дар милосердных древних *Риши*. Дети мои, начните жить в соответствии с этим знанием, не теряя ни мгновения. Иначе в этой жизни не будет смысла. Не думайте, что вы сможете сделать это завтра, ведь «завтра» – на самом деле лишь сон. Даже сейчас мы живем ни в чем ином, как во сне. Если обычный сон продолжается одну ночь, то это – длительный сон. Лишь пробудившись от этого сна, мы сможем познать, что такое реальность. Мы пробудимся к осознанию Бога. Мы должны быть уверены в этом, потому что только тогда пробудимся ото сна. Каждое мгновение очень ценно и не должно тратиться впустую. Откладывать пробуждение до завтра и снова проваливаться в сон – глупость. «Завтра» – это вопрос без ответа. Это всё равно что сказать: четыре плюс четыре равняется девяти. Сумма никогда не будет равняться девяти. Нет ничего ценнее, чем мгновение, которое мы переживаем сейчас. Никогда не позволяйте ему пропасть зря. Дети мои, ухватитесь за настоящий момент и научитесь смеяться от всей души. Постарайтесь, чтобы улыбка никогда не сходила с ваших губ. Постарайтесь не причинять никому зла ни мыслью, ни словом, ни делом.

Осознайте, что настоящее мгновение – воплощение блаженства

Сегодня наши умы пребывают либо в прошлом, либо в будущем. Из-за этого мы теряем настоящее мгновение, которым должны наслаждаться.

Один человек купил мороженое и поставил его перед собой, собираясь полакомиться. Положив в рот кусочек мороженого, он подумал: «У меня немного болит голова. Это началось сегодня утром. В кафе, где я ужинал вчера, было не очень чисто, и вся еда стояла открытой. Может быть, в еду попала ящерица или что-то еще? На витрине ювелирного магазина рядом с кафе было выставлено столько красивых украшений! А в магазине через улицу было столько модной одежды! Смогу ли я когда-нибудь позволить себе подобные вещи? Моей зарплаты сейчас едва хватает, чтобы свести концы с концами. Ну что это за жизнь?! Эх, если бы я только родился в богатой семье! Если бы я лучше учился в школе! Но не судьба…» Так размышлял он, пока ел мороженое. Он даже не осознавал, какое оно на вкус. Его ум был в другом месте. В это время он мало отличался от мертвеца. Прокручивая в уме прошлое и грезя о будущем, он растерял дивные мгновения, которые были даны ему, чтобы наслаждаться. Вот почему Амма говорит, что прошлое подобно аннулированному чеку. Бесполезно думать о прошлом. Перемалывать в уме прошлое – это всё равно что обнимать труп! Умершие никогда не вернутся к нам. Прошедшее время не настанет вновь. В равной степени бесполезно думать о том, что может произойти в будущем, потому что это тоже всего лишь грезы. Они могут сбыться, а могут и не сбыться. Пользу можно извлечь только из настоящего момента.

Это как деньги, имеющиеся в нашем распоряжении. Мы можем использовать их как нам заблагорассудится, но если мы потратим их неразумно, то не извлечем никакой пользы: деньги будут потеряны. Поэтому нам следует тратить деньги осмотрительно. Каждый шаг необходимо делать осмысленно, используя способность к различению. Лишь в этом случае мы сможем смело идти вперед по пути действия. Нам надлежит принять твердое решение усвоить этот принцип.

Необходимость бескорыстных действий

В целом, в жизни происходит два процесса: мы совершаем действия и вкушаем их плоды. Если мы будем совершать хорошие действия, то плоды будут хорошими, а от плохих действий нельзя ожидать ничего, кроме плохих плодов. Поэтому, совершая каждое действие, необходимо быть очень внимательными.

Некоторые люди пытаются охладить энтузиазм тех, кто совершает действия. Они начитались книг по Веданте и говорят: «Разве *Атман* [высшее «Я»] не един? Если это так, то какому другому *Атману* может служить этот *Атман*?» Но можно заметить, что даже те, кто задают этот вопрос, уделяют большое внимание своим физическим потребностям. Они с нетерпением ждут, когда настанет час дня, чтобы пообедать. Они ощущают дискомфорт и сердятся, если не получат еду вовремя. Куда девается их знание *Атмана*, когда они испытывают чувство голода? Они не спрашивают:

«Зачем *Атману* еда?» Они не идут на компромисс, когда дело касается телесных потребностей, таких как еда, сон, хорошая одежда и т.д. Они не хотят совершать действия только тогда, когда речь заходит о том, чтобы сделать что-то хорошее для других. Такая позиция не имеет ничего общего с истинной Ведантой – это не более, чем аргументация лентяев, которые сидят сложа руки. Нам следует отмести ее. Истинное знание заключается не в действии как таковом, а в чувстве бездействия – в осознании того, что даже совершая действия, мы ничего не делаем.

В сущности, мы ни одного мгновения не можем ничего не делать. Если мы не занимаемся физической деятельностью, то занимаемся деятельностью умственной. Когда мы спим, то совершаем действия во сне. Дыхание и другие функции тела поддерживаются автоматически. Нет никакой возможности избежать деятельности. Почему бы тогда не сделать что-то для пользы мира? И разве будет неправильно, если это окажется физической работой? Бескорыстные действия ослабляют наши врожденные негативные склонности. Только добрые мысли, слова и поступки позволят нам преодолеть накопленные склонности.

В былые времена духовные Учителя давали ученикам, приходившим к ним изучать Веданту, такие задания, как сбор дров, полив растений, стирка одежды. Бескорыстное служение абсолютно необходимо для того, чтобы превзойти эгоизм и привязанность к физическому телу. Так что никому не следует предаваться праздности и охлаждать энтузиазм тех, кто трудится.

Те, в чьем сердце рождается сострадание при виде несчастий других людей, не могут сидеть сложа руки. Милость Божья снизойдет только в сердце, полное сострадания. Если милости Божьей случится достичь места, где нет сострадания, от этого не будет пользы. Это всё равно что наливать молоко в грязный сосуд. Внутренняя чистота достигается только совершением действий ради других.

Жил-был царь, у которого было два сына. Пришло время царю удалиться в лес и стать отшельником.[28] Который из сыновей станет его преемником? Царь полагал, что это должен быть тот, кто любит народ. Затрудняясь в выборе, царь привел сыновей к своему духовному Учителю, который мог видеть будущее, и объяснил ему свое желание. Выслушав его, Учитель сказал: «Через несколько дней я отправляюсь на соседний остров. Пошли туда принцев. Они не должны ехать верхом на лошади или использовать другие средства передвижения. Их также не должны сопровождать слуги. Просто дай им с собой немного еды».

В день, указанный Учителем, царь послал обоих принцев на остров. Как и велел Учитель, он отправил их пешком, без сопровождающих. Первым тронулся в путь старший принц. По пути к нему подошел нищий и сказал: «Я умираю от голода! Я ничего не ел уже два дня. Прошу Вас, дайте мне чего-нибудь поесть!» Принцу это не понравилось. Он прикрикнул на людей, которым случилось оказаться рядом: «Разве вы не знаете, что я старший сын царя? Как вы могли допустить, чтобы мне докучали попрошайки?» Строго наказав им, чтобы это больше не повторялось, он продолжил путь.

Вскоре в это же место пришел младший принц. К нему подошел тот же нищий и попросил еды. Принц подумал: «Я ел сегодня утром. Этот бедняга говорит, что не ел уже два дня! Как это печально!» Младший принц продолжил путь только после того, как утешил нищего и отдал ему свой мешок с едой.

Чтобы добраться до острова, принцам нужно было пересечь реку. Когда они пришли на берег реки, им встретился прокаженный, всё тело которого было покрыто гнойными ранами. Прокаженный не умел плавать. Он умолял помочь

---

[28] *Ванапрастха* – третья стадия жизни.

ему пересечь реку. Старший принц зажал нос, чтобы не чувствовать исходившего от прокаженного зловония, и пошел вброд через реку.

Однако второй принц решил, что не может бросить прокаженного в тяжелом положении. «Бедняга! – подумал он. – Если не я, то кто ему поможет?» Он посадил прокаженного на плечи и вошел в реку. Вдруг вода стала прибывать. Из-за сильного оползня, произошедшего вверх по течению реки, образовался мощный поток. Старший принц перестал чувствовать дно. Уровень воды быстро поднимался. Принц попробовал плыть, но не справился с течением, и его унесло. Хотя вода постоянно прибывала, младший принц не отпускал прокаженного и пытался плыть, поддерживая его. У него стали слабеть руки и ноги, и в какой-то момент он почувствовал, что у него не осталось сил. Как раз в это время он увидел, что по реке плывет вырванное с корнем дерево. Принц ухватился за него и помог прокаженному сделать то же самое. Держась за дерево, они благополучно добрались до другого берега. Там принц расстался с прокаженным и пошел на встречу с духовным Учителем.

Именно сострадание младшего принца вернулось к нему как милость Божья в виде спасшего его дерева. Милость сама собой нисходит на тех, кто сострадателен. Человек не может справиться с мощным течением, каким бы он ни был хорошим пловцом. Тогда вся надежда на милость Божью – а эту милость невозможно обрести, не совершая добрых дел. Дети мои, каждый наш поступок должен быть исполнен сострадания.

Милость Божья – обязательный фактор успеха

В газетах можно часто увидеть объявления о вакансиях. Соискатель должен, например, иметь высшее образование, быть определенного роста, представить справку о состоянии здоровья и характеристику. Участвовать в конкурсе могут только те, кто соответствуют этим требованиям. По завершении письменного испытания и собеседования выясняется, что некоторые соискатели, правильно ответившие на все вопросы, не прошли конкурсный отбор, тогда как некоторые из тех, кто неправильно отвечал на вопросы, были приняты на работу.

Так бывает довольно часто. Почему? Те, кто не прошли конкурсный отбор, не имели милости Божьей, которая бы растопила сердце работодателя, а те, кто имел милость, получили работу несмотря на то, что некоторые из их ответов были неверными. Таким образом, успех любого начинания зависит в том числе и от милости Божьей. Какое дело ни возьми, совершенства можно достичь, только если помимо человеческих усилий имеется милость Божья. Только тогда поток жизни будет устремляться вперед. Но милость Божью невозможно обрести без чистоты действий.

Давать только достойным

Девяносто процентов детей Аммы, собравшихся здесь сегодня, не обладают правильным пониманием духовности. Каждый человек может усваивать истины только в соответствии со своими мыслительными способностями и *самскарой*. Поэтому объяснять истины необходимо в соответствии с уровнем понимания каждого конкретного человека. Нельзя всем давать одни и те же наставления. Разные люди по-разному поймут одни и те же слова. Вот почему говорят, что, прежде чем давать духовные наставления, необходимо узнать слушающего.

Предположим, в обувном магазине все туфли одного фасона и размера. Даже если придут сотни покупателей, магазин сможет предложить им только один размер. От такого магазина будет мало проку, даже если в нем много туфель. В наличии должны быть разные размеры, чтобы люди могли выбрать тот, который им подходит. Наша культура, *санатана-дхарма*[29], включает множество разных путей. Чтобы способствовать духовному росту представителей разных культур, каждого из них необходимо вести по пути, соответствующему его менталитету и жизненным обстоятельствам. Только тогда его можно привести к цели.

Истина одна – мудрецы называют ее разными именами

В индуизме много различных божеств. В разных регионах Индии существуют разные обряды и обычаи. Население Индии воспитано в разных культурных традициях. Этой страной правили представители разных государств. В результате возникли разные формы поклонения Богу, подходящие для разных культур и божеств. Но Сознание-Сила, пребывающая во всех них, одна и та же. Независимо от того, какого цвета мыло – зеленого, синего или красного – пена будет белой. Аналогично, Сознание-Сила разных божеств одна и та же. Именно Сознание-Силу, этого единого Бога, мы должны познать. Сознание-Сила пребывает и в нас. Она вездесуща. Она есть в поющей кукушке, каркающей вороне, ревущем льве, бушующем океане. Та же самая сила видит через наши глаза, слышит через наши уши, ощущает вкус через наш язык, ощущает запах через наш нос, ощущает прикосновение через нашу кожу, приводит в действие наши ноги, когда мы ходим. Именно эта сила наполняет всё. Ее необходимо познать на опыте.

Вырабатывайте самоотдачу

Наша преданность Богу не должна быть подобна состоянию детеныша обезьяны. Детеныш обезьяны цепляется за живот матери. Когда мать прыгает с ветки на ветку, детеныш может упасть на землю, если ослабит хватку. Мы должны молиться так: «Мать, пожалуйста, держи меня!» Вот какая самоотдача должна быть у нас. Тогда нечего будет бояться.

---

[29] «Вечный принцип», традиционное название индуизма.

Даже если наша хватка ослабнет, Всевышний будет продолжать крепко держать и защищать нас.

Котенок умеет только мяукать. Мать возьмет его зубами и отнесет в безопасное место. Котенку нечего бояться, потому что мать не отпустит его. Мы должны молиться: «О Мать, возьми меня за руку и веди меня!» Если Она будет нас вести, мы не упадем в яму или канаву. Она не позволит нам заблудиться среди наших игрушек (притягивающих нас объектов мира). Она приведет нас к цели. Вот какое у нас должно быть отношение к Богу.

Повторение мантры

Повторение мантры – это духовная практика, которую мы можем с легкостью совершать в любое время. Дети мои, вы приехали сюда на автобусе. Разве нельзя повторять мантру с того момента, как вы садитесь в автобус, до того момента, как приезжаете сюда? И на обратном пути тоже? Почему бы нам не взять за правило в пути повторять мантру? Зачем нарушать умственный покой и портить здоровье, разговаривая в это время о чем-то другом? Благодаря повторению мантры обретается не только умственный покой, но и материальная польза. Мы обретаем не только Бога, но и Божественные дары.

Служение человечеству – это служение Амме

Благодаря усилиям, которые приложили все дети Аммы, наш *ашрам* [духовный центр] смог за короткий промежуток времени осуществить много проектов социального служения. Если вы проявите волю, мы сможем сделать для мира гораздо больше. Как только стало известно, что мы планируем построить 25 000 домов для малоимущих, мы получили более 100 000 заявок от людей, нуждающихся в жилье! Большинство из них действительно заслуживают того, чтобы получить дом. Если дети Аммы решат помочь им, мы сможем построить дом для каждого человека, которому негде спать.

В этом нет никаких сомнений. Денег, которыми вы сорите, было бы достаточно для того, чтобы достичь этой цели.

«С сегодняшнего дня я бросаю курить. Я перестаю употреблять алкоголь. Вместо того, чтобы покупать десять нарядов в год, я буду покупать девять». Дети мои, принимайте подобные решения, и лучше используйте свободные деньги для того, чтобы строить дома для бедных. Тогда через десять лет нигде в нашей стране не останется трущоб. Некоторые матери, которые приходят к Амме, говорят: «Амма, прошлой ночью шел дождь, и из всех щелей нашей хижины текла вода. Чтобы мой грудной ребенок не промок, мне пришлось держать над ним подстилку[30]». Только представьте, дети мои: мать всю ночь не спит из-за проливного дождя и держит подстилку над ребенком, чтобы тот мог поспать и не промок внутри протекающей хижины! В то же время некоторые тратят тысячи на алкоголь и наркотики.

Почему Амма решила построить так много домов? Потому что она думала о страданиях своих детей. Это единственная причина. Если мы смогли сделать так много за столь короткой срок, то это тоже возможно. Мы получили 100 000 заявок. Мы можем построить 5 000 домов в год. Если все вы проявите волю, мы сможем достичь даже большего. Разве у Аммы не множество детей? Если вы бросите курить, то на сэкономленные за два года деньги можно будет построить один дом. Достаточно, если в нем будет всего две комнаты – тогда семья сможет спать, не опасаясь дождя. Дети мои, помните об этом, когда без нужды тратите деньги.

Некоторые из вас употребляют алкоголь, *ганджу* [гашиш] и тому подобное. Дорогие мои дети, если вы это делаете, то вы на самом деле питаетесь кровью и слезами – кровью и слезами членов своих семей: матерей, жен,[31] детей, братьев

---

[30] Традиционно их изготавливают из плетеной соломы или пластика.

[31] В Керале редко можно встретить индийскую женщину, которая курит или употребляет наркотики.

и сестер! Дети мои, молитесь Богу, чтобы Он дал вам силы избавиться от подобных вредных привычек! Пища Аммы – это умы ее детей, свободные от зависти и злости. Если вы обладаете таким умом, то это радость Аммы. Поэтому, дети мои, молитесь Богу о том, чтобы избавиться от зависти и обрести силы творить добро! Молитесь, чтобы Он даровал вам силы избавиться от вредных привычек. Молитесь об уме, который видит во всем хорошее, как пчела, которая вкушает в каждом цветке лишь нектар.

Амма постоянно говорит о самоотдаче. Что бы вы ни делали, старайтесь совершать это как подношение Богу. Молитесь о том, чтобы видеть во всем проявление воли Божьей. Такая самоотдача должна стать целью нашей жизни.

Идеал свободной Индии

Послание Аммы по случаю ее дня рождения, 1997 г.

Приветствую вас, воплощения Любви и высшего «Я»! Все мои дети, собравшиеся здесь, проявили терпение и энтузиазм. Если вы сможете постоянно проявлять эти качества в жизни, всё придет к вам само, потому что терпение и энтузиазм – это то, что приносит в жизни успех.

Некоторые люди полны энтузиазма, но не обладают терпением. Другие терпеливы, но у них нет энтузиазма. Девяносто процентов молодых людей полны энтузиазма, но не особо терпеливы. Они опрометчивы и совершают необдуманные поступки. Из-за нехватки терпения им часто не удается достичь поставленных целей. Люди же, которым за шестьдесят или семьдесят, как правило, очень терпеливы. Жизнь сделала их терпеливыми, проницательными и рассудительными, но у них не много энтузиазма. Если вы спросите их, почему, они ответят: «Силы уже не те, я больше не могу быть таким физически активным, как хотел бы». Вот что мы наблюдаем в наше время.

Посмотрите на маленького ребенка. У него есть и энтузиазм, и терпение. Он пытается встать, падает и снова пытается встать. Он отказывается сдаваться, даже если ушибется. Наконец ему удается встать благодаря постоянным усилиям и тому, что он не утратил терпения и энтузиазма. Ребенок знает, что у него есть мама, которая защитит его, при необходимости вытрет кровь и помажет болячку мазью. Малыш полон оптимизма и уверен в успехе, потому что рядом мама, которая всегда готова поддержать его в его усилиях. Терпение, энтузиазм и оптимизм – эти три качества должны стать мантрами нашей жизни. В любой сфере деятельности добиваются успеха те, кто обладают верой, а те, у кого нет веры, теряют силу.

Обувная фирма отправила двух представителей продавать свою продукцию в глухую деревню. Через несколько дней один из продавцов прислал в фирму сообщение следующего содержания: «Все местные жители – аборигены. Они не знают, что такое обувь. Здесь невозможно будет ничего продать, поэтому я немедленно возвращаюсь». Однако сообщение, посланное другим продавцом, было совсем иным. Он написал: «Все местные жители – аборигены. Они не знают, что такое обувь. Они ходят по грязи и спят в грязи. Если мы объясним им преимущества ношения обуви, то сможем продать много сандалий. Так что немедленно высылайте партию обуви!» Продавец, наделенный оптимизмом и верой, добился успеха.

Если мы будем верить, что Бог всегда с нами, что Он поможет нам в любой беде, то у нас будут энергия и энтузиазм, необходимые для преодоления любых жизненных препятствий, и мы никогда не потеряем необходимого для успеха оптимизма.

Рама, Кришна, Христос и Магомет сталкивались со многими препятствиями, но никогда не теряли присутствия духа. Они никогда не оглядывались назад, а просто продолжали идти вперед. Благодаря этому им всегда сопутствовал успех. Они продолжают жить и сегодня. Когда Амма говорит это, вы можете подумать: «Но разве все они не были *аватарами*?[32] Они были на это способны, но как с ними могут сравниться обычные люди, такие как мы?» Дети мои, никто из вас не является обычным человеком! Каждый из вас обладает необычайной силой. В нас пребывает беспредельная сила, но сейчас она спит. Нам нужно просто пробудить ее. Тогда можно быть уверенными в победе.

---

[32] Воплощения Всевышнего.

Обретение милости Божьей

Наши тела выросли, а ум не развился. Чтобы наш ум стал беспредельным как Вселенная, мы должны стать подобны детям. Мы должны пробудить внутреннего ребенка. Только ребенок может расти. Сегодня нас наполняет эго, чувство «я», которое препятствует нашему развитию. Оно должно исчезнуть, и ему на смену – прийти чувство беспредельности.

Любить Бога – это значит ощущать благоговение перед всем, а не просто молиться. Бог – это не существо, восседающее где-то на небесах. Бог пребывает в каждом из нас, и мы должны развить это осознание. Основное качество, которое для этого необходимо, – смирение. Мы должны научиться всегда иметь такое отношение к жизни, как у начинающего, потому что тогда у нас не будет высокомерия. Но для этого нам необходимо отказаться от чего-то очень большого. Нам необходимо отказаться от «я». Чувство «я» – препятствие для всего. Избавляясь от него, мы обеспечиваем успех в жизни. Говорят, чтобы добиться успеха, милость Божья важнее прилагаемых нами усилий. Наше эго – препятствие на пути милости. Поэтому нам необходимо избавиться от эго. Самоотречение сделает нас великими.

Однако чтобы заслужить милость, мы должны создать хорошую *карму*. Мы постоянно говорим: «Дайте мне это! Дайте мне то!» Но мы не научились говорить: «Спасибо!» Нам следует научиться выражать благодарность в любых обстоятельствах. Вместо того чтобы думать о том, что мы можем получить от других, нам следует всегда думать о том, что мы можем дать другим. Именно такое отношение к жизни нам необходимо воспитывать в себе.

Один человек пришел в гости к своему другу, который недавно вселился в новый дом. Подъехав к дому, он некоторое время постоял на улице, любуясь красотой большого особняка. Когда ему навстречу вышел хозяин, гость изумленно спросил:

– Сколько человек живут в этом доме?

– Я один, – ответил его друг.

– Ты живешь здесь один? Это твой дом?

– Да.

– Откуда у тебя взялись деньги на то, чтобы построить такой дом в столь молодом возрасте?

– Мне построил его старший брат. У него много денег.

Поскольку гость замолчал, его друг сказал:

– Я знаю, о чем ты думаешь. Ты, наверное, хочешь, чтобы у тебя тоже был такой брат?

– Нет, – ответил гость. – Я думал о том, что если бы я был таким же богатым, как твой брат, то я тоже мог бы подарить кому-нибудь такой дом!

Дети мои, вот какой у нас должен быть настрой: мы должны хотеть отдавать. Лишь дающие могут получать. Отдавая, мы получаем умственный покой.

В окружающей нас атмосфере существует много волн. Мысли – это тоже волны. Вот почему говорится, что необходимо быть внимательными к каждой мысли и каждому слову. Говорят, что черепаха высиживает яйца посредством мысли, рыба – взгляда, а курица – телесного контакта. Наши мысленволны тоже обладают силой. Если мы разозлимся на кого-то, кто не сделал ничего плохого, ему будет больно, и он скажет: «Господи, я ни в чем не виноват! Почему он так со мной разговаривает?» Волна страданий, исходящая от этого человека, дойдет до нас, будет воспринята окружающей нас тонкой аурой, и аура впитает ее. От этого наша аура потемнеет, подобно зеркалу, которое заволокло дымом. Как дым препятствует попаданию солнца на зеркало, так тьма, порожденная этой волной страданий, не позволит нам получить милость Божью. Вот почему говорится, что необходимо избавиться от негативных мыслей и взращивать мысли о Боге. Культивируя постоянное памятование Бога, мы становимся подобны Богу.

Некоторые люди думают: «Я стану добрым только тогда, когда другие станут добрыми». Это всё равно, что планировать искупаться в океане только после того, как улягутся все волны. Мы не должны упускать ни одной возможности творить добро для других, помогать ближним. Мысль о том, что люди не ответят нам взаимностью, никогда не должна удерживать нас от того, чтобы творить для них добро.

Мы должны воспитывать в себе сострадание. Сострадание должно сиять сквозь все наши мысли и слова.

Дела и их плоды

Иногда говорят, что наша жизнь должна быть подобна нашим глазам, потому что глаза меняют фокусировку в зависимости от расстояния до объекта. Благодаря этому мы видим предметы. Аналогично, мы должны воспитать ум, чтобы он смог приспособиться к любой жизненной ситуации. Это становится возможным благодаря духовности. Чтобы мы могли приспособиться к разным ситуациям, нам нужен душевный покой. Мы можем обрести истинный покой лишь благодаря медитации.

Сейчас мы подобны послушным роботам. Так быть не должно. Нам следует бодрствовать и иметь способность к различению. Если обычная жизнь подобна езде на автомобиле, то духовную жизнь можно сравнить с полетом на самолете. Автомобили могут ездить только по земле – они не способны даже слегка приподняться над ней. Иное дело самолеты – сначала они движутся по земле, а потом взмывают ввысь. Когда мы поднимаемся на большую высоту, мы обретаем способность видеть всё, как свидетели.

Многие люди говорят, что сознательно не совершали ничего плохого, тем не менее им приходится страдать. Несомненно одно: мы испытываем лишь результаты того, что сделали. Этого невозможно избежать. Если теленка выпустить в поле, где пасется тысяча коров, то он найдет свою мать и подойдет к ней. Точно так же плоды наших действий придут к нам, и только к нам. Бог никого не создавал для того, чтобы наказывать.

В одной семье было три сына. Их родители умерли. Все трое юношей окончили университет, но еще не нашли работу. Над ними сжалился один богатый человек. Он пригласил их к себе домой и дал им работу. Всех троих назначили на одну и ту же должность. Один из них начал брать взятки. Хозяин несколько раз предупреждал его, но молодой человек не слушал. Поскольку он оказался непригоден для высокой должности, его разжаловали в грузчики. Второй брат был дисциплинированным и честным. Но он приходил за зарплатой аккуратно в конце каждого месяца, не медля ни дня. Поскольку он был дисциплинированным и правдивым, хозяин повысил его в должности. Третий брат вел себя иначе. Как и второй брат, он выполнял порученную ему работу честно и дисциплинированно. Однако он отказывался от зарплаты, которую предлагали ему в конце каждого месяца, говоря: «Вы дали мне работу и дом. Вы даете мне еду, одежду и всё остальное, в чем я нуждаюсь, так зачем мне зарплата?» Некоторое время спустя богач умер. Он завещал всё свое состояние молодому человеку, который не брал зарплату за свою работу. В конечном счете тот, кто честно работал, получил повышение по службе; тот, кто брал взятки и был нечестен, был разжалован в грузчики; а тот, кто работал в соответствии с пожеланиями своего благодетеля, с таким отношением, что ему ничего не нужно для себя, унаследовал всё. Мы находимся в схожем положении. То, что мы испытываем в жизни, – это плоды наших действий.

В жизни происходит только два процесса: мы совершаем действия и вкушаем их плоды. Хорошие действия приносят хорошие плоды, а плохие действия приносят плохие плоды. Действие – это не только то, что мы делаем руками и ногами.

Мысли – тоже действия. Плохо говорить о других – это негативное действие, результат которого – страдание.

Однако испытывая страдания, мы не должны унывать, думая, что мы грешники. Осознавая, что мы сейчас пожинаем плоды совершенных в прошлом негативных действий и что нам не следует их повторять, мы должны принять решение наполнить оставшиеся мгновения нашей жизни положительными действиями. Не клеймите себя, не считайте грешником, никчемным человеком и т.п. Предоставьте всё Божественной воле и живите жизнью, наполненной состраданием и служением. Это самый простой путь к обретению покоя в жизни.

Дети мои, вам следует знать, что ничто не происходит согласно нашей воле. Если мы положим десять яиц в инкубатор, то увидим, что не из всех вылупятся цыплята, как должны были бы. Так никогда не бывает. Если бы всё происходило согласно нашему желанию, то из всех десяти яиц вылупились бы цыплята. Нам следует выработать такое отношение к жизни, когда всё предоставляется Божественной воле, настроиться на самоотдачу. Это должно быть нашей жизненной целью.

Некоторые спрашивают: «Разве твой Кришна не велел нам работать бесплатно?» Вовсе нет. Господь сказал, что результаты наших действий могут не соответствовать нашим ожиданиям, поэтому если мы будем привязаны к плодам действий, то нас ждет разочарование. Он не говорил, что мы должны работать бесплатно. Он просил нас воспитывать самоотдачу, чтобы получить соответствующее вознаграждение.

Говорят, что жизнь полна и радости, и печали. Жизнь подобна маятнику. Иногда маятник качается в сторону радости, но не застывает там, а возвращается обратно к печали. Духовность гармонизирует эти две противоположности. Те, кто умеют плавать, могут наслаждаться океанскими волнами, а тех, кто не умеют плавать, волны могут поглотить. Если мы усвоили принципы духовности, то сможем сохранять улыбку в любых жизненных обстоятельствах и непременно достигнем цели. Кришна наставлял нас, как достичь цели, не сгинув по пути.

Супружеская любовь

К Амме приходят разные люди, у которых разные проблемы. Огромное количество проблем в семье вырастает из пустяков. Большинство из этих проблем можно было бы решить, проявив немного терпения. Однажды к Амме пришли муж с женой, которые не ладили друг с другом. У жены иногда случалось легкое помутнение рассудка, а придя в себя она не помнила, что говорила. Это случалось, когда она испытывала стресс. Но она по-настоящему любила своего мужа. Зная это, Амма сказала ее мужу: «Сынок, тебе просто нужно проявить некоторую внимательность, вот и всё. Когда жена будет говорить неприятные вещи, ты должен понимать, что это из-за болезни и прощать ее. Постепенно она поправится». Но муж не захотел принять этот совет. Он сказал: «Почему я должен ей уступать? Разве она не моя жена?» Такой у него был настрой. И что же произошло? Семейный раздор усилился, и болезнь жены стала прогрессировать. Родственники забрали ее к себе, и жизнь ее мужа оказалась разбита. Он начал пить и пропил все деньги. Жизнь стала для него подобна аду. Если бы он проявил больше понимания в отношении болезни жены, если бы был с ней ласков и терпелив, ничего этого не произошло бы. Так что, дети мои, идя по жизни, вам следует стараться вникнуть в суть каждой жизненной ситуации.

Когда Амма совершает поездки по зарубежным странам, ее иногда спрашивают: «Правда, что к женщинам в Индии относятся как к рабыням?» Амма отвечает: «Это не так. В Индии отношения между супругами основаны на любви». Говорят, что жена должна обладать тремя качествами, или аспектами: матери, друга и жены. Ей должны быть присущи все эти три качества. Нельзя говорить, что жена должна обладать только каким-то одним качеством. Женщина не должна уподобляться дереву, выращенному в горшке, потому что дерево, растущее в горшке, не может достичь большой высоты. Такое дерево ослаблено, ведь его корни постоянно подрезаются. В его ветвях не могут свить гнезд птицы; на нем не могут вырасти плоды. У дерева, выращенного в горшке, нет силы. Но пересадите его в землю – и вы увидите, как оно пойдет в рост! Вы увидите, как раскроется его полный потенциал.

Нельзя говорить, что женщина слаба. Она сильна! Нужно лишь позволить ее силе развиться и раскрыться, вместо того чтобы подрезать ей корни и приковывать ее к «цветочному горшку». Женщина, полностью раскрывшая свой потенциал, подобна большому тенистому дереву, которое защищает семью, общество и страну.

Муж и жена должны стать единым целым. Именно такое отношение к семейной жизни мы должны воспитывать в себе. Жизнь предназначена для того, чтобы делиться с другими, а не стяжать. В связи с этим Амме вспоминается одна история. Жил один человек, который был заядлым игроком на скачках. Он проиграл все деньги, и его бизнес прогорел. Он пришел домой и сказал жене:

– Мое предприятие лопнуло. Что нам теперь делать?

Жена ответила:

– С этих пор не ходи больше на скачки. Мы можем жить на то, что имеем.

– Ладно, но тогда тебе придется перестать покупать дорогую одежду, – сказал муж.

– Хорошо, – сказала жена. – Мы также больше не сможем позволить себе шофера, но ты сам умеешь водить.

– Ты права, – согласился муж. – Я сам буду водить машину. Мы также не сможем позволить себе повара. Я буду помогать тебе на кухне, когда это будет необходимо.

Жена с радостью согласилась. Так они стали во всем помогать друг другу. Избавившись от лишних расходов, они возместили понесенную потерю. Вот как мы должны строить свою жизнь.

Станьте одним сердцем – станьте едины. Жизнь предназначена не для того, чтобы отдаляться друг от друга, обвинять друг друга и говорить: «Кто ты такой, чтобы указывать мне, что делать?»

Любовь – это богатство Индии. Любовь – сама основа жизни. Девяносто процентов физических и ментальных проблем, с которыми мы сталкиваемся, проистекают из испытанной в прошлом боли и горя. Каждый из нас идет по жизни с большим количеством неисцеленных ран. Медицина еще не нашла средства, способного излечить эти раны. Но есть одно лекарство для исцеления их всех: открыть сердца друг другу.

Делитесь друг с другом своими мыслями и чувствами. Старайтесь признавать и удовлетворять потребности друг друга. Дорогие мои дети, когда возрастут взаимная любовь и уважение, ваши проблемы ослабеют. Любовь – это сама почва жизни. Причина всех наших сегодняшних проблем в том, что мы сознательно или неосознанно это игнорируем. Если телу необходима пища, чтобы расти, то душе необходима любовь. Любовь дает ребенку такую силу и жизнестойкость, которых не может дать даже грудное молоко.

Так что, дети мои, любите друг друга и станьте едины. Таково желание Аммы. Это идеал, к которому должны стремиться дети Аммы.

Обет в День независимости

Недавно в Индии отмечалась пятидесятая годовщина независимости. В это время Амма была за границей. Садясь в самолет по пути из одного города в другой, те, кто путешествовал вместе с Аммой, брали газеты, и, прочитав их, с грустью говорили: «Амма, посмотри, что пишут про Индию! Говорят, что нет никакого прогресса, везде голод и грязь. Они сильно преувеличивают масштаб проблем».

Проведя три дня в одном городе, мы переезжали в следующий. И во всех газетах, которые раздавали в самолетах, мы находили негативное освещение ситуации в Индии, слова осуждения в адрес нашей страны. Никто не писал ничего положительного. Наконец, приехав в Европу, мы прочли в одной из газет: «Нельзя говорить, что в Индии нет прогресса. Если сравнить сегодняшний день с тем днем, когда она получила независимость, некоторый прогресс всё же налицо». Спустя столько дней мы смогли прочесть хотя бы это!

Так что же необходимо сделать в ознаменование пятидесятилетия независимости Индии? Те из вас, кто курят, должны дать обет бросить курить. Те, кто употребляют алкоголь, должны принять решение бросить пить. Если затем собрать и сложить те деньги, которые вы раньше тратили на излишества, мы сможем заменить утлые лачуги в деревнях на настоящие дома. Мы сможем дать детям из бедных семей образование. Сколько детей были вынуждены бросить учебу из-за нехватки средств! А дети Аммы – подростки могут, например, чистить сточные канавы в деревнях, чтобы способствовать очищению атмосферы в поселениях и вокруг них. Если каждый из нас приложит усилия, наш Бхарат[33] станет процветающей страной. Мы сможем превратить эту землю в рай. Если богатые граждане нашей страны захотят спасти других, они с легкостью смогут это сделать. Но мы практически не видим никого, кто пытался бы что-то предпринять. Так что вы должны взять инициативу в свои руки, дети мои!

Как уже говорила Амма, будьте готовы действовать, не ожидая результата. Это не значит, что мы должны от всего отречься. Ешьте, разговаривайте и спите в соответствии со своими потребностями: излишествовать – эгоистично. Говорят, что люди курят и пьют, чтобы ощутить счастье. Но настоящее счастье внутри – его не найти во внешних объектах. Когда мы это поймем, то освободимся от пристрастия к подобным вещам. Мы сможем откладывать сэкономленные деньги, чтобы помогать нуждающимся. Тогда мы станем достойны Божьей милости и сострадания.[34] Наша жизнь будет приносить пользу другим людям. Дети мои, по крайней мере отныне не давайте повода людям в других странах обвинять нас в своих газетах! Дайте такой обет сегодня!

---

[33] Традиционное название Индии.

[34] Амма говорит, что милость Божья постоянно устремляется к каждому из нас, но милость можно воспринять, только если наши сердца достаточно открыты. «Стать достойными» здесь означает «иметь открытое сердце».

У Аммы нет интереса к этим празднованиям в честь дня рождения. Осознайте цель своего рождения, дети мои! Вот что необходимо. Если кто-то по-настоящему захочет осознать цель своего рождения, это принесет Амме гораздо больше радости, чем любое празднование дня рождения.

Многие из тех, кто пришли к Амме, приняли решение вести жизнь самоотречения. Многие бросили пить и отказались от чрезмерно роскошного образа жизни. В результате нам удалось многое сделать на благо общества. Если все вы, дети Аммы, начнете мыслить так же, мы сможем превратить эту землю в рай. Да благословит вас Господь ментальной силой, чтобы сделать это!

Амма молится во время празднования ее дня рождения

Видеть во всех живых существах свое «Я»

Послание Аммы по случаю ее дня рождения, 1998 г.

Приветствую вас, воплощения Любви и высшего «Я»!

Дети мои, давайте сначала вместе повторим мантру *Лока самаста сукхино бхаванту*.

Многие люди, не только в Индии, но и в других точках планеты, гибнут из-за наводнений, ураганов, оползней и прочих катаклизмов. Тысячи человек глубоко страдают из-за войн между государствами и внутренних вооруженных столкновений. Нам пока не удалось избавиться от этих бед. Поэтому Амме не по душе идея празднования. Однако Амма видит в этом празднике возможность собраться всем вместе и помолиться. Групповая молитва очень благотворна. Она, несомненно, поможет в какой-то мере изменить к лучшему тяжелую ситуацию, сложившуюся в мире. Поэтому закройте глаза и, молясь о том, чтобы все живые существа повсюду пребывали в покое и были счастливы, повторите мантру: *Ом лока самаста сукхино бхаванту*.

Делиться с другими

Эту мантру дали нам наши предки, *Риши*. Она повторяется не только для нашего собственного блага или ради блага наших семей. Эта молитва означает: «О Всевышний, пусть все существа во всех мирах испытывают покой и счастье!» Но, дети мои, мы должны спросить себя, обладаем ли достаточной широтой ума для того, чтобы произносить эту мантру.

Амме вспоминается одна история. У некоего человека умерла жена. Он позвал священника, чтобы тот провел обряд за упокой ее души. Во время обряда священник повторял мантру *Ом лока самаста сукхино бхаванту*. Вдовец не знал значения этой мантры, поэтому он спросил у священника: «Что означают слова, которые Вы только что произносили?» Священник ответил: «Они означают: "О Всевышний, пусть все существа во всех мирах испытывают покой и счастье!"»

Услышав это, вдовец сказал: «Разве я позвал Вас не для того, чтобы помолиться за упокой души моей жены? Однако в мантре, которую Вы произнесли, нет даже намека на имя и душу моей жены!» Священник отвечал: «Это молитва, в которую посвятил меня мой духовный Учитель. На самом деле, именно когда Вы молитесь за весь мир, душа Вашей жены ощущает покой и подъем. Я не умею молиться иначе».

Вдовцу было нечего возразить на это, и он сказал лишь: «А можно, по крайней мере, исключить из этой молитвы соседей, с которыми граничит северная часть моего участка? Они всегда очень враждебно к нам относились. Можете молиться за всех, кроме них!»

Дети мои, таков сейчас наш менталитет. Но не такой менталитет необходимо воспитывать. Нет! Необходимо изменить всё наше мировоззрение. Мантры должны повторяться не одним только языком. Это принципы, которые нам следует воплощать в жизнь. Лишь тогда то, что прозрели наши предки, станет реальностью. Лишь тогда наши молитвы принесут плоды.

Медитация дает как мирское благоденствие, так и покой и освобождение. Когда вы совершаете медитацию, постарайтесь забыть обо всем остальном. На какое-то время забудьте обо всем, сидя здесь и медитируя. Что вы приобретете, если, сидя здесь, будете думать о семейных проблемах? Вы просто потеряете время. Если грести, сидя в лодке, привязанной к берегу, то не попадешь на другую сторону.

Забудьте про «я» и «мое» и предайте всё воле Божьей. Бог – это всё. «Жизнь идет не так, как мне хотелось бы. Разве всё происходит не по Твоей воле?» Признайте это и предоставьте всё Богу. Живите в настоящем мгновении.

Мы ничего не приносим с собой, приходя в этот мир, и ничего не уносим, покидая его. Необходимо осознавать это и заниматься медитацией. Как только вы начнете повторять мантру, она станет приносить вам пользу. Это как вклад в банке. Как только вы делаете вклад, начинают начисляться проценты. Не думайте, что медитация – это только сидение с закрытыми глазами. Улыбка, доброе слово, сострадательный взгляд – всё это часть медитации. Благодаря медитации наши сердца должны наполниться состраданием. Лишь в таком сердце может воссиять Бог! Мы должны начать чувствовать боль других и проявлять по отношению к ним сострадание. В связи с этим Амме вспоминается следующая история.

Однажды мальчик увидел на магазине вывеску: «Продаются щенки». Ему очень захотелось купить щенка, и он зашел в магазин. Когда ребенок спросил, сколько стоит щенок, ему ответили, что цена составляет от ста до двухсот долларов. «У меня нет таких денег, но можно, по крайней мере, посмотреть на щенков?» – спросил мальчик. Владелец магазина не мог ему отказать. Он свистнул, и из подсобного помещения прибежала собака с выводком щенков. Мальчик стал с интересом их разглядывать. Увидев ковыляющего последним щенка, он воскликнул: «Смотрите! Что с ним случилось?» Владелец магазина сказал: «Этот щенок родился хромым. Ветеринар сказал, что он таким и останется». Мальчик с жалостью посмотрел на хромающего щенка и спросил: «Вы позволите мне купить этого щенка? Я не могу сейчас заплатить всю сумму. Я могу внести часть денег сейчас, а остальную часть выплачивать долями каждый месяц». Владелец магазина удивился: «Почему ты хочешь этого щенка, сынок? Он не сможет бегать и играть с тобой. Почему бы тебе не выбрать какого-то другого?»

Однако мальчик настаивал на том, чтобы купить хромого щенка. «Тогда тебе не надо ничего платить за него, – сказал владелец магазина. – Можешь взять его бесплатно!»

«Нет, я хочу купить его по той же цене, которую вы просите за других щенков», – твердо сказал мальчик. Когда владелец магазина спросил, почему он так беспокоится из-за хромого щенка, мальчик поставил ногу на приступок. Подняв штанину, он показал протез и сказал: «Видите – у меня тоже нет ноги. Так что я буду сочувствовать этому щенку, а он будет сочувствовать мне. Я буду понимать его боль, а он будет понимать мою».

Хотя Амма рассказала такую историю, для понимания страданий других не обязательно страдать, как они. Мы можем ощущать боль других и не проходя через испытания, через которые они проходят. Старайтесь думать о страданиях других, как о своих страданиях, и о счастье других, как о своем счастье. Именно такое мировосприятие мы должны иметь и развивать. Амма знает, что это трудно. Но постарайтесь, дети мои!

В Индии миллиард жителей. Лишь четверть из них достаточно обеспеченна финансово. Из остальных половина – мелкие фермеры, а другая половина – просто бедняки. Нет никакой объективной причины для существования бедности в нашей стране. Дети мои, сложившуюся ситуацию можно изменить, если вы приложите для этого усилия. Как вы знаете, мы не просили ничьей помощи и не собирали средств для развития *ашрама* [духовного центра]. Он развивается благодаря вашим усилиям, дети мои. Ваш упорный труд – вот единственное, благодаря чему стало возможным осуществление наших проектов социального служения. Вы и обитатели *ашрама* работаете иногда по двадцать два часа в сутки. Вы работаете без зарплаты, не желая ничего взамен, сократив свои потребности всего до двух комплектов одежды, питаясь всего два раза в день вместо трех. Вы посвящаете все деньги, сбереженные таким образом, служению миру. Дети Аммы – домохозяева помогают, чем могут. Многие женщины, которые раньше покупали десять сари в год, теперь приобретают всего восемь. Те, кто употребляли алкоголь и курили, отказались от этих привычек. Бескорыстие людей – единственное, что позволяет нам служить бедным и страждущим. Если бы все вы поставили перед собой такую цель, то мы определенно смогли бы изменить ситуацию в нашей стране к лучшему, если не полностью, то, по крайней мере, частично. Вы можете сказать: «Если взять из океана одну каплю воды и вылить ее на сушу, то это, конечно, ничего не изменит». Изменит, потому что в океане станет на одну каплю воды меньше! Если каждый из нас постарается сделать что-то хорошее, мы определенно увидим в обществе изменения к лучшему. Вот какой менталитет вы должны воспитывать, дети мои!

Избавьтесь от эгоизма

Именно готовность каждого из детей Аммы жить в соответствии со смыслом мантры, которую мы повторяем, позволяет нам делать так много на благо общества. Но миром сегодня правит эгоизм. Эгоизм – вот что кроется за любовью, которую мы видим в мире. В одной семье было два сына. Как-то раз они вместе пришли к отцу и сказали: «Отец, мы о тебе позаботимся. Почему бы тебе не передать нам право владения домом и всем остальным твоим имуществом?» Поверив ласковым словам детей, старик оформил дарственную и передал всё им. Он думал, что будет жить то у одного сына, то у другого по два месяца. После того, как его собственность была поделена между сыновьями, он отправился жить к одному из них. Спустя всего две недели отношение сына и невестки к нему стало меняться. Тогда он перебрался к другому сыну. Спустя всего пять дней он почувствовал, что и там не сможет жить, потому что не в состоянии выносить едких замечаний, которые отпускала в его адрес невестка. Старик всё время плакал. Наконец он нашел прибежище в *ашраме*. Услышав о его злоключениях, духовный наставник *ашрама* дал ему совет. Месяц спустя отец вернулся к сыновьям с сундуком. Сыновья загорелись желанием узнать, что в нем. Когда они стали расспрашивать отца, он сказал: «Я перевел часть состояния в золото и держу его в этом сундуке. Но я никому его не отдам до самой смерти. После моей смерти его сможет получить кто-то из вас». Стоило сыновьям это услышать, как их отношение к отцу резко изменилось. Они не могли найти слов, чтобы выразить любовь, которую внезапно стали к нему испытывать. Вместе со своими женами они стали упрашивать старика: «Отец, приезжай к нам жить! Пожалуйста, приезжай в наш дом!» Их гостеприимство не знало границ. Наконец настал день, когда старик умер. После похорон сыновья поспешили открыть сундук, о котором всё это время мечтали. Дрожа от волнения, они подняли крышку. Сундук был полон обычных камней!

Дети мои, вот какую любовь мы получаем от мира. Если мы будем ожидать чего-либо от мира, то у нас появится повод только для слез.

Дети мои, усилия, приложенные всеми вами, – вот основа всех успехов, которых мы здесь добились. Вы – мои дети! Вы единственное богатство Аммы. У Аммы нет ничего, что принадлежало бы ей лично. Всё, что мы видим сегодня, – результат вашего бескорыстия. Поэтому хорошенько запомните следующее, дорогие мои дети. Если в ваш ум проникнет хоть частичка эгоизма, вы должны каким-то образом от нее избавиться. Одной искры достаточно, чтобы начался пожар, который может спалить дотла целый лес. Таков и эгоизм. Даже малейшей его частички достаточно, чтобы полностью лишить нас покоя.

Иногда сюда приходят плачущие женщины с двумя-тремя маленькими детьми. Когда Амма спрашивает, что случилось, они говорят, что отправились вместе с детьми сводить счеты с жизнью, но услышали об Амме и пришли сюда. В ответ на дальнейшие расспросы Аммы женщины рассказывают истории наподобие этой: «Мой муж пьяница (наркоман). Из-за пристрастия к алкоголю он вечно опаздывал на работу, и его уволили. Но он всё равно не бросил пить. В конце концов он продал дом, наше имущество, мои драгоценности – всё. У нас не стало денег даже на еду. Я нигде не видела ни одного улыбающегося лица. Все стали нас ненавидеть. Повсюду я ловила лишь презрительные взгляды. В конце концов я ясно увидела впереди одно: дорогу к смерти. Вот я и отправилась по этой дороге с моими малышами. Но вместо этого мы оказались здесь, с тобой, Амма!»

Вот что Амма скажет вам: эти мужчины употребляют слезы и кровь своих родных, а не алкоголь и наркотики.

Рыбак закидывает удочку и ждет. Рыба хватает наживку и думает: «Отлично! Я нашла достаточно еды на сегодня!» Она не сознает, что попала в лапы смерти.

Собака берет в рот кость, с жадностью жует ее и смакует кровь. Лишь потом она понимает, что кровь, которую она смаковала, сочилась из ее собственных поврежденных десен. Счастья не найти во внешних объектах. Счастье внутри нас. Дети мои, вам необходимо это осознать. Те из вас, кто стремятся только к собственному счастью, должны задуматься о своих семьях, хотя бы на мгновение! Те из вас, кто курят по пять сигарет в день, должны постараться курить на две меньше! Мало-помалу сокращая количество табака, вы можете полностью избавиться от этой привычки. Те, кто употребляют алкоголь, должны стараться избегать плохой компании. Пусть вам придаст силы знание, что счастье на самом деле не в алкоголе. Смелый человек – тот, кто ищет радость внутри. Дети мои, не будьте рабами табака и алкоголя. Те, кто становятся рабами таких вещей, не имеют мужества. Они трусы. По-настоящему мужественные люди – те, кто обуздали свой ум. Нам нет нужды ни на что опираться. Мы должны стоять на собственных ногах. Мы должны сделать каждое свое дыхание благотворным для других. Вам следует принять такое решение. Это всё, чего хочет Амма.

Как вести себя в трудных ситуациях

Когда мы попадаем в трудную жизненную ситуацию, то ведем себя по-разному:

1) пытаемся убежать от проблем;

2) пытаемся изменить обстоятельства, полагая, что это решит все наши проблемы;

3) проклинаем обстоятельства, но продолжаем в них жить.

Невозможно избавиться от проблем, пытаясь от них убежать – более того, если попытаться это сделать, проблемы могут удвоиться. В этой связи вспоминается следующая история. Один человек как-то раз узнал, что к нему в гости собирается дядя. Герой нашей истории решил улизнуть из дома, так как его дядя, служивший солдатом, имел привычку часами рассказывать истории про войну. Не желая терять времени, племянник вышел из дома и направился по дорожке, огибавшей дом сзади. Но вдруг он увидел дядю, который шел ему навстречу по этой самой дорожке! Заметив племянника, дядя остановился и заговорил с ним. Он говорил и говорил, стоя прямо там, на дорожке. Через некоторое время племяннику стало очень жарко, ему захотелось пить, и у него заболели ноги. Но не было ни воды, ни тенистого дерева, ни скамейки, на которую можно было бы присесть. Племянник подумал, что если бы он остался дома, то сидел бы со своим дядей в комфорте, прохладе, и у него было бы полно воды. Эта история показывает, что если мы будем пытаться убежать от проблем, они могут удвоиться.

Второй подход – это перемена обстановки. Допустим, в чьем-то доме нет покоя. Члены семьи думают, что с домом что-то не так. «Может быть, нужно снести дом и отстроить его заново? Или купить другой дом? А может быть, купить новый телевизор и еще несколько предметов декора? Можно установить кондиционер». Но ничто из этого не решит проблем. Есть люди, которые не могут спать даже в роскошных комнатах с кондиционером. Им приходится принимать снотворное. Причина в том, что их проблемы – в их умах. Духовность – это наука «проветривания» ума с помощью «кондиционера». Жизненные проблемы не исчезнут только благодаря тому, что мы изменим окружающую обстановку. Это не значит, что мы не должны менять внешние условия. Амма говорит о том, что нам также следует изменить менталитет. Это то, чему нас учит духовность.

Смена окружающей обстановки не избавит нас от проблем. Муж и жена постоянно ссорились друг с другом. В конце концов они решили, что больше не могут жить вместе, и развелись. Некоторое время спустя оба вступили в новый брак. Но вскоре каждый из них обнаружил, что просто-напросто вступил в брак с предыдущей «половиной» в другом обличье! Супруги были новыми, но их собственные умы совсем не изменились. Пока наши умы не изменятся, никакая перемена внешних условий не освободит нас от проблем.

Третий вариант поведения в трудных жизненных ситуациях – это жаловаться на проблемы и продолжать жить с ними. У одного человека болел живот, и он жаловался всем домашним: «Мама! Папа! У меня болит живот! Брат, сестра, я не могу терпеть!» В конечном счете у всех окружающих тоже начал болеть живот. Постоянно жалуясь на свои проблемы, мы и других лишаем покоя.

Но есть четвертый путь. Существует способ преодолеть трудные ситуации: изменить состояние нашего ума. Это единственный путь к тому, чтобы действительно обрести радость. Невозможно изменить внешние обстоятельства так, чтобы они полностью соответствовали нашим потребностям. Поэтому необходимо изменить состояние нашего ума так, чтобы оно соответствовало обстоятельствам. Это возможно только благодаря духовности.

Именно этому учат нас духовные тексты. Что Господь Кришна показал Арджуне?[35] Кришна не изменил состояние внешнего мира – он трансформировал состояние ума Арджуны. Если бы Кришна захотел, он мог бы вызвать торнадо или потоп и уничтожить неправедного Дурьодхану и его приспешников. Кришна мог использовать любые средства для того, чтобы стереть их с лица земли. Он мог дать Пандавам всё. Он был на это способен. Но он не стал менять внешние обстоятельства – вместо этого он изменил отношение Арджуны к миру. Он научил его пониманию природы жизни и правильному восприятию всего, что в ней происходит. Нам необходимо воспитать свой ум так, чтобы мы были способны молиться за мир и гармонию во всем мире.

Вспомним эпизод «Рамаяны», когда Господь Рама вошел в зал, где Сита выбирала мужа[36]. Как только жители Митхилы увидели Раму, они стали молиться: «Как он красив и силен и к тому же наделен всеми благородными качествами! Господи, дай ему силу натянуть лук!» Когда Рама вошел в зал, каждый из царей, собравшихся там в надежде завоевать руку Ситы, начал мысленно проклинать Раму. «Зачем он сюда явился? Неужели из-за него я упущу свой шанс? Вряд ли мне удастся жениться на Сите. Хоть бы он ушел!» А когда Сита увидела Раму, она стала молиться: «Господи, зачем ты сделал

---

[35] Арджуна был одним из пятерых братьев Пандавов. Наставления Господа Кришны Арджуне в начале описанной в «Махабхарате» войны известны как «Бхагавадгита» и передают суть духовной мудрости.

[36] Отец Ситы, царь Джанака из Митхилы, заявил, что выдаст дочь замуж только за царя или царевича, который сумеет натянуть великий лук, изначально принадлежавший Господу Шиве. Многие представители царских семей собрались в надежде справиться с этой задачей и получить руку Ситы.

такой тяжелый лук? Не мог бы ты немного уменьшить его вес?» Она молилась об изменении обстоятельств.

Только молитва жителей Митхилы была правильной. У них было правильное отношение к ситуации. Они не молились о том, чтобы изменились обстоятельства. Они молились: «Дай Раме силу натянуть лук!» Какой бы ни была ситуация, мы должны молиться лишь о том, чтобы мужественно встретить ее. Наша молитва не должна быть ребяческой.

Один мальчик пришел в храм и стал молиться: «Господи, пожалуйста, сделай Китай столицей Америки!» Услышав это, стоявший рядом человек спросил: «Почему ты молишься об этом, мальчик?» Тот ответил: «Я написал в экзаменационной работе, что столица Америки – Китай! Но я ошибся. Так что я молю Бога о том, чтобы он сделал мой ответ правильным».

Это ребячество. Нам не следует поощрять это качество. Однако мы должны развивать детское сердце, детскую невинность. Ребячество – это недостаток проницательности, признак незрелости. Предположим, вы берете уроки плавания. Если учитель постоянно будет рядом с вами, вы не научитесь плавать самостоятельно. Мы должны найти в себе силы выжить в любых обстоятельствах, в каких бы мы ни оказались, а единственный способ сделать это – изменить состояние нашего ума. Не тратьте жизнь на то, чтобы винить во всем внешние обстоятельства и испытывать уныние от неспособности их изменить. Есть люди, разъезжающие на роскошных машинах, но если у них нет душевного покоя, какой смысл иметь роскошную машину?

Недостаточно изменить внешние условия. Есть люди, совершающие самоубийства даже в комнатах с кондиционерами. Если же мы трансформируем ум, то сможем встретить любую ситуацию с улыбкой. Вместо того, чтобы опираться на других и искать у них утешения, нам следует развить веру в себя. Лишь тогда мы обретем утешение и удовлетворение.

Так что изменение нашего нынешнего менталитета – это первый шаг. Именно об этом нам следует молиться.

Делитесь добротой

Дети мои, мы не изолированные острова. Каждый из нас – звено в цепи жизни. Сознаём мы это или нет, каждое наше действие влияет на других, а другие, в свою очередь, влияют на нас. Вот почему говорится, что следует проявлять внимание и осознанность в каждом слове и действии.

Один человек сел в автобус и с удивлением обнаружил, что кондуктор очень спокоен и весел. Он всем улыбался, следил за тем, чтобы автобус останавливался на каждой остановке, ждал, пока все желающие сядут в автобус, прежде чем дать водителю сигнал трогаться, и очень аккуратно продавал билеты. Ни большое скопление народу, ни поведение пассажиров не влияли на его настроение. Заметивший это пассажир спросил у кондуктора: «Как Вы можете вести себя настолько спокойно и улыбаться в таком переполненном автобусе? Я нигде больше не видел подобного. В чем Ваш секрет?» Кондуктор с улыбкой ответил: «Никакого секрета тут нет. Просто это урок, который мне преподала жизнь. Я работал в офисе, и мне приходилось ездить на работу на автобусе. Автобус часто останавливался на некотором расстоянии от остановки. Если я начинал бежать, то к тому моменту, как добегал до автобуса, он трогался с места, и я на него не успевал. Или же кондуктор давал сигнал к отправлению автобуса как раз в тот момент, когда я ступал на подножку, и мне было трудно забраться внутрь, не упав при этом. Кондуктор обычно не давал сдачу, а если я его об этом просил, то делал это с неудовольствием, и иногда даже сердился, если у меня не было разменных денег. Из-за всего происходящего я был на грани срыва. Но я напоминал себе, что мне придется ехать на этом же самом автобусе на следующий день, поэтому мне кое-как удавалось сдержаться. Так что я приезжал в контору, полный подавленного гнева.

Я был недружелюбно настроен и никому не улыбался. Так что все стали недружелюбны по отношению ко мне. Из-за этого я не мог уделять должного внимания работе. Я ощущал такое напряжение, что делал много ошибок, и меня ругал начальник. Всё это копилось внутри, и приходя домой вечером, я вымещал недовольство на домашних. Я сердился на детей и ругался с женой. Атмосфера была накаленной. Я перестал проявлять любовь к детям и делиться своими переживаниями с женой. Я стал избегать людей как дома, так и за его пределами.

Затем случилось вот что. Однажды, подходя к автобусной остановке, я заметил, что автобус уже отъезжает. Когда кондуктор увидел меня, он зазвонил в колокольчик и остановил автобус, а затем подождал, пока я заберусь в него, прежде чем дать водителю сигнал трогаться. В автобусе не было свободных мест, но кондуктор уступил мне свое. Я почувствовал невыразимую радость. От усталости я уснул по пути. Когда мы подъезжали к моей остановке, кондуктор разбудил меня, чтобы я успел сойти. Я никогда раньше не встречал этого кондуктора. Не могу передать словами, какое утешение принесла мне его доброта. Представьте облегчение, которое вы чувствуете, когда вас мучает жажда и кто-то дает вам стакан прохладной воды. Облегчение, которое я ощутил, было даже больше. Я сошел с автобуса и направился к конторе в небывало приподнятом настроении. Все сотрудники стали улыбаться, что было необычным. В тот день я выполнял работу очень тщательно, и начальник меня похвалил. Я был очень дружелюбным со своими подчиненными. Это их порадовало, и они стали дружелюбны со мной. Они также были очень любезными по отношению к посетителям, которые приходили в контору в тот день. Дома я был ласков и внимателен с женой и детьми. В доме царила праздничная атмосфера. Мне это так понравилось, что я забыл обо всём остальном. Я осознал перемены, которые произошли во всех вокруг из-за трансформации, произошедшей во мне, – трансформации одного человека.

С тех пор я стал уделять своему поведению большое внимание. Я убедился, что мы получаем в точности то, что отдаем. Я не могу настаивать на том, чтобы другие стали добрыми, пока сам не буду добрым. Я усвоил, что могу совершенствоваться, даже если этого не делают другие, и что если я сам стану добрым, другие тоже начнут меняться. Впоследствии, работая в автобусе, я вспомнил о кондукторе, который преподал мне этот великий урок. Я дал обет проявлять уважение к людям, с которыми общаюсь. Я принял твердое решение сыграть роль в распространении любви и чувства братства в мире. Опыт, который я получил в тот день, когда всё изменилось, остается для меня великим уроком». Вот такую историю поведал кондуктор.

Дети мои, общество состоит из индивидов. Мысли и поступки каждого человека определяют культуру народа. Вместо того, чтобы думать: «Я стану добрым, когда изменятся другие», мы должны сначала постараться изменить себя. Если наш менталитет по-настоящему изменится, мы будем видеть добро повсюду в мире. Когда в нас происходит перемена, это отражается и на других. Дети мои, всегда помните: мы получаем только то, что отдаем.

Сердце качает кровь, и она доставляется ко всем клеткам тела. Благодаря этому клетки получают питание. Затем кровь течёт обратно в сердце. Если на этом пути возникнут какие-то препятствия, жизнь человека окажется под угрозой. Мы должны научиться, подобно сердцу, не только получать, но и отдавать. Лишь отдавая, мы получаем что-то взамен. Дефект одного звена в цепи жизни будет влиять на остальные. Нам следует понять, что каждая наша улыбка, слово и поступок может привнести солнечный свет в жизни многих

Видеть во всех живых существах свое «Я»

людей. Поэтому необходимо следить за тем, чтобы наши действия приносили радость и удовлетворение не только нам самим, но и другим. Мы не должны разочаровываться и прекращать творить добро, видя в мире зло; неправедные поступки других людей не должны побуждать нас совершать неправедные поступки.

Дети мои, вместо того чтобы проклинать тьму, зажгите по крайней мере один маленький светильник. Если это невозможно, постарайтесь не причинять другим страданий и не ставить их в трудное положение. Вы можете задаться вопросом, как это сделать. Самый простой путь – совершать каждое действие как подношение Всевышнему. Воспринимайте каждое действие как форму поклонения Богу. Тогда наши действия сделают счастливыми и нас, и других; принесут пользу и нам, и другим.

Амма помнит, что сказал ей один сын несколько лет назад. Он хотел изучать медицину, но не поступил в медицинский институт, потому что набрал всего на один балл меньше, чем требовалось. После этого он какое-то время ничем не занимался. Затем по настоянию родных он попытался устроиться на работу в банк, и его приняли. Так он стал банковским служащим. Некоторое время спустя он пришел к Амме и сказал:

– Амма, я всегда очень зол. Я не могу улыбаться клиентам и проявлять по отношению к ним теплоту, кем бы они ни были. Поэтому думаю, что не смогу продолжать работать на этом месте.

В его голосе звучала сильная боль. Амма спросила его:

– Сын, если бы к тебе прислал кого-то твой самый близкий друг, как бы ты стал вести себя с этим человеком?

– Я бы улыбался ему и был с ним любезен.

– То есть ты вел бы себя учтиво. А если бы сама Амма прислала кого-то к тебе в банк, как бы ты себя повел?

– Раз этого человека прислала Амма, я был бы с ним очень ласков!

Тогда Амма сказала:

– Отныне постарайся представлять, что все, кто к тебе приходят, посланы Богом. Если ты сможешь это сделать, то, несомненно, изменишься!

В дальнейшем с этим сыном действительно произошла перемена. Он начал рассматривать свою работу как способ служения Богу. Он был счастлив и делился хорошим настроением с теми, кто к нему приходил. Если мы будем совершать действия как поклонение Богу, это будет благотворно не только для нас, но и для общества в целом. Именно такое отношение к жизни мы должны воспитывать.

Наши усилия в сочетании с Божьей милостью

Дети мои, в жизни происходит два процесса: мы совершаем действия и испытываем их результаты. Наша жизнь станет более спокойной и гармоничной, если мы будем знать, с каким отношением нам следует совершать действия и вкушать их плоды.

Зачастую то, чего мы ожидаем, не происходит, а то, чего мы не ждем, случается. Результат действия зависит не только от самого действия, но и от многих других факторов. Мы получаем ожидаемый результат, только когда все эти факторы оказываются благоприятными. Нам подвластно лишь совершение действия. Мы должны совершать действия наилучшим образом, не волнуясь о результате. Это то, чему учит Господь Кришна в «Бхагавадгите». Это не значит, что мы должны работать бесплатно. Это значит, что если мы будем делать что-то, не ожидая результата, то сможем сделать это хорошо. Тогда мы естественным образом получим плоды наших действий.

Даже если мы очень хорошо напишем экзаменационную работу, мы можем не получить ожидаемого результата, если преподаватель, оценивающий работу, или секретарь, переписывающий оценки, не будут уделять должного внимания своему делу. Один юноша прилежно учился и хорошо написал экзаменационную работу. Он ожидал, что получит самую высокую оценку. Но когда объявили результаты, выяснилось, что он едва-едва набрал проходной балл. Однако юноша не отчаялся. Он добился повторной проверки написанной им работы. После повторной проверки он получил гораздо более высокую оценку. Когда было проведено служебное расследование, выяснилось, что преподаватель, который первоначально оценивал работу, в то время переживал серьезную душевную травму. Его жена сбежала с другим мужчиной, и от расстройства он не мог надлежащим образом проверять экзаменационные работы. Вот почему Амма говорит, что успешная сдача экзаменов зависит не только от наших усилий, как бы усердно мы ни готовились и как бы хорошо ни ответили на вопросы.

Как бы бдительны мы ни были, переходя дорогу, мы всё равно можем пострадать, если водитель окажется невнимательным. Вот почему говорится: чтобы все факторы, влияющие на результат действия, были в нашу пользу, нам необходима милость Божья. Самый простой способ достичь этого – совершать каждое действие как поклонение Богу.

Совершая *пуджу* [обряд поклонения Богу], мы, естественно, стараемся, чтобы всё, используемое для нее, было высочайшего качества. Мы никогда не используем гнилые фрукты, увядшие цветы или грязную посуду. Если мы будем делать всё с таким же отношением, то со временем сможем совершать только позитивные действия. Негативные действия прекратятся: как вы можете совершить негативное действие, если посвящаете его Богу?

Наиболее важное качество человека, совершающего *пуджу*, – это смирение. Если мы будем совершать каждое действие как *пуджу*, с правильным отношением, то не сможем проявлять высокомерия или гордыни. Если в каком-то деле нам будет сопутствовать успех, мы будем рассматривать это, как милость Божью, и не будем похваляться, что добились успеха благодаря своим способностям.

В конце *пуджи* мы получаем *прасад*[37]. Воспринимая все свои действия как форму поклонения Богу, мы принимаем плоды наших действий как *прасад*. Необходимо сохранять смирение, проявляемое при совершении действий, и тогда, когда мы вкушаем плоды действий. Получив *прасад*, мы не выискиваем в нем недостатков.

Это не значит, что если мы потерпим неудачу, то должны просто сидеть сложа руки и принимать ее как Божественный *прасад*. Если есть шанс добиться успеха, мы должны попытаться снова, а если опять потерпим поражение, то тогда можем принять его как волю Божью. Если мы будем думать, что удача сопутствовала нам благодаря Божьей милости, то не станем похваляться и упиваться успехом; он не вскружит нам голову. А если мы потерпим неудачу, то это не сломит нас и не повергнет в уныние. У тех, кто воспринимает неудачи как волю Божью, не возникает чувства собственной никчемности. Если мы терпим неудачу, нам следует думать, что это просто то, чего мы заслуживаем в данный момент. Нам следует думать, что благодаря этому удалось избежать другой *прарабдхи* [плода какого-то действия, совершенного в прошлом]. Необходимо воспринимать этот жизненный опыт как возможность чему-то научиться и признать, что из него можно извлечь урок.

Используя способность к различению, можно обратить любое действие себе на пользу. И если мы будем совершать все действия с правильным отношением, то никогда не будем испытывать скуки. Наши прилагаемые с энтузиазмом усилия в сочетании с Божьей милостью – залог победы. Что бы ни

---

[37] Любые благословленные объекты, например, пища или цветы.

случилось, мы никогда не должны терять надежды. Бог всегда с теми, кто прилагает усилия. И победа тоже на их стороне.

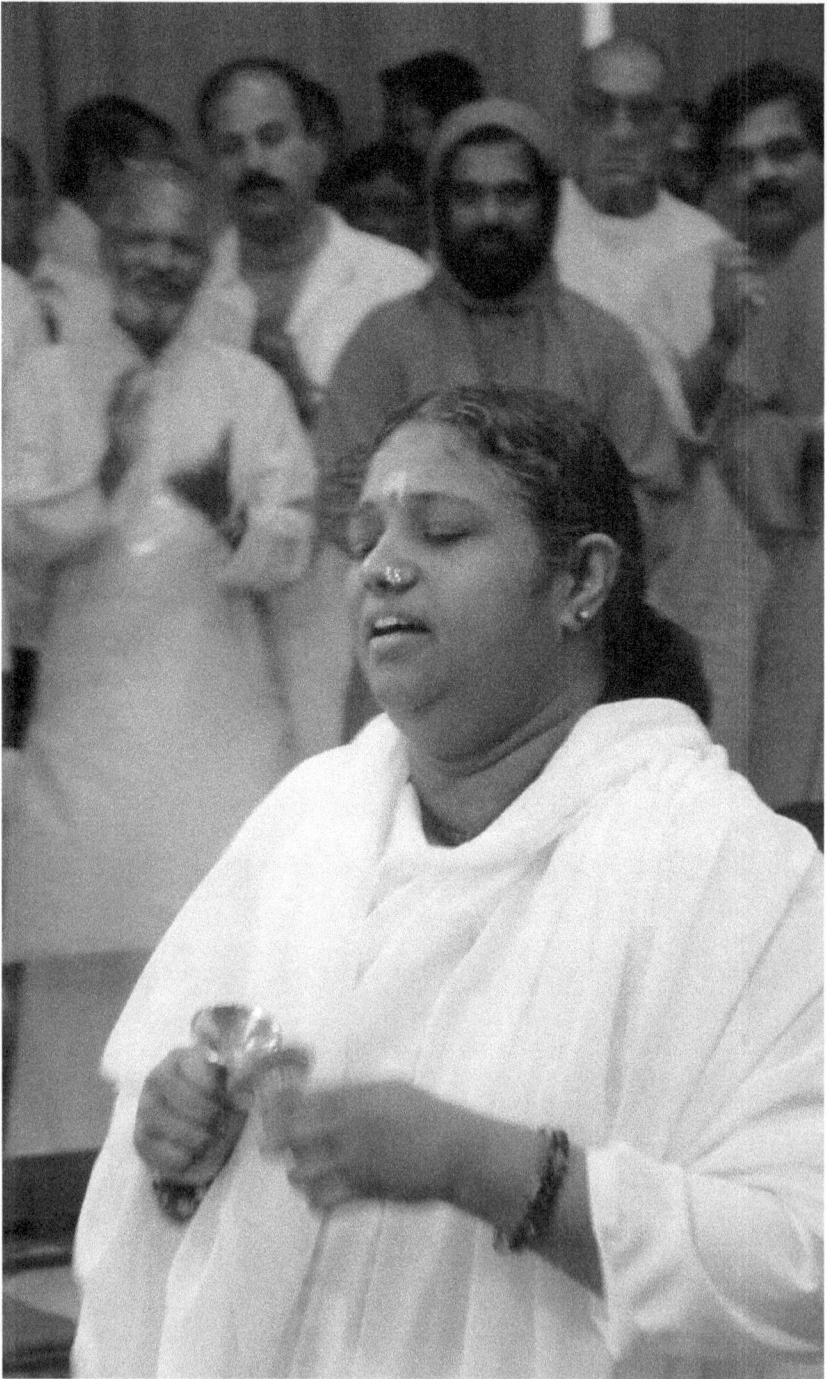

Духовность в практической жизни

Послание Аммы по случаю ее дня рождения, 1999 г.

Приветствую всех детей Аммы, которые поистине являются воплощениями Любви и высшего «Я»!

В наши дни повсеместно проходят мероприятия, на которых люди выступают с речами и докладами. Духовные беседы, лекции о культуре, политические обращения, беседы о религии, выступления против религии – каждому есть о чем сказать. Каждый считает себя достаточно сведущим, чтобы говорить на любую тему. Кажется, таково общее умонастроение.

Вспоминается история про студента, который рассказывал своим друзьям: «У нас есть потрясающий преподаватель. Можно дать ему любую тему, и он будет развивать ее часами. Даже если дать ему какую-то незначительную тему, он может говорить пять с лишним часов!» Услышав это, один из его друзей ответил: «Ты удивляешься, что ваш преподаватель может говорить пять с лишним часов на какую-то тему. А нашему соседу даже не нужно давать никакой темы, он и так будет говорить несколько дней подряд!»

Таковы многие сегодняшние речи. Необходимы не речи, а дела! Нам следует показывать примером собственной жизни то, что мы хотим сказать. Добрые слова и поступки несомненно благотворны – они не могут быть бесполезными. В этой связи вспоминается история из «Махабхараты».

История эта произошла в то время, когда Пандавы и Каравы были молоды и учились у своего великого наставника Дроначарьи. Темой первого урока было терпение. Однажды наставник собрал всех учеников и попросил их рассказать, что они выучили. Каждый стал рассказывать наизусть уроки. Наконец пришла очередь Юдхиштхиры. Он повторил только одну строчку. Когда наставник спросил: «И это всё, что ты выучил?» – Юдхиштхира неохотно ответил: «Простите меня. Я более-менее усвоил первый урок, но второй я не выучил вовсе». Услышав это, Дрона не мог сдержать гнева. Он ожидал, что Юдхиштхира покажет лучшие результаты, – и вот, в то время как другие пересказывают наизусть целые лекции, Юдхиштхира говорит, что не выучил и двух строчек! В порыве гнева Дрона схватил палку и принялся бить Юдхиштхиру. Он бил его до тех пор, пока палка не разлетелась на мелкие кусочки. Но несмотря на удары, Юдхиштхира остался весел и с его лица не исчезла улыбка. Когда Дрона заметил это, он остыл и стал сожалеть о том, что сделал. Он ласково сказал: «Дитя мое, ты царевич. При желании ты мог бы наказать меня и бросить в темницу. Но ты этого не сделал. Ты вовсе не разгневался! Есть ли в этом мире еще кто-то, обладающий таким же терпением, как ты? Воистину ты велик!» Обернувшись, Дрона увидел пальмовый лист, на котором были записаны уроки Юдхиштхиры. Первая строка гласила: «Никогда не теряй терпения», а вторая: «Всегда говори только правду».

Когда взгляд Дроны вновь упал на лицо Юдхиштхиры, он подумал, что написанные на пальмовом листе строки светятся в глазах молодого царевича. Дрона взял руки Юдхиштхиры в свои и со слезами на глазах сказал: «Юдхиштхира! Когда я учил тебя, я всего лишь произносил слова. А другие юноши повторяли их, как попугаи. Ты был единственным, кто действительно усвоил уроки. Как ты велик, сын мой! Хоть я и преподавал так долго, я не смог усвоить ни единой строчки! Я не смог сдержать гнева и не проявил терпения!» Юдхиштхира ответил: «Простите меня, учитель, но я всё же *немного* рассердился на Вас». Теперь Дрона понял, что его ученик усвоил и второй урок.

Редко встречаются люди, не падкие на лесть. Даже если бы они ощущали некоторый гнев, то не захотели бы в этом признаться. Но посмотрите на Юдхиштхиру. Он был готов признать, что немного рассердился. Это означает, что он усвоил и второй урок. Урок усвоен только тогда, когда он применяется на практике. Настоящий ученик – тот, кто искренне старается это делать.

Нам тоже необходимо терпение, потому что терпение – основа жизни. Если мы силой раскроем бутон, то никогда не увидим красоты и не почувствуем аромата цветка. Мы ощутим всё это, только если бутон раскроется естественным образом. Если мы хотим наслаждаться красотой жизни, нам не обойтись без терпения. Для тех, кто хочет, чтобы их жизнь наполнилась счастьем, терпение – самое важное качество.

Иногда говорят, что божество речи – огонь. Природные свойства огня – жар, свет и дым. Как огонь дает жар и свет, так каждое наше слово должно давать людям энергию и знание. Но наши слова не должны загрязнять умы людей, как копоть загрязняет стены. Если вслушаться в то, что мы говорим сегодня, то действительно можно убедиться, что божество речи – огонь, потому что от наших слов исходит жар и дым. Мудрость и свет полностью отсутствуют. Каждое наше слово должно производить в слушателях трансформацию. Оно должно приносить людям блаженство. Нам следует стать образцами для окружающих. Каждое произносимое нами слово должно обладать такой силой. Наши слова должны быть полны простоты и смирения. Но если мы просеем слова, произносимые нами сегодня, то не найдем и следа смирения.

В наших словах сквозит желание быть лучше других. Даже те, кто занимают самое низкое положение, стараются показать другим свою значимость. Мы не отдаем себе отчета в том, что величие человека заключается в смирении. Мы не осознаём, что выглядим глупо, когда рисуемся перед другими.

Майору армии присвоили чин полковника. В тот день, когда он вступил в новую должность, к нему зашел посетитель. Как только этот человек вошел в кабинет, полковник с важным видом снял трубку и сказал: «Алло! Это президент Клинтон? Как дела? Я сегодня приступил к исполнению служебных обязанностей. Предстоит большая работа с документами. Ладно, перезвоню позже. Передавай привет Хилари!» Закончив разговор, полковник положил трубку. Посетитель скромно стоял в сторонке и ждал. Полковник с высокомерным видом спросил у него: «Вы по какому вопросу?»

Посетитель вежливо ответил: «Простите, сэр. Я пришел подключить телефон. Это новый аппарат, который установили вчера, и к нему еще не подключили линию».

Кто оказался в глупом положении? Мы не замечаем, что попадаем в такое положение по несколько раз в день. Те, кто пытаются показать свою значимость, на самом деле глупо выглядят в глазах окружающих – только и всего.

Сдерживание гнева

Еще один аспект, которому мы должны уделять в жизни особое внимание, – это сдерживание гнева. Гнев подобен обоюдоострому ножу. Он режет и того, на кого он нацелен, и того, кто его держит. Каким взбудораженным становится наш ум, когда мы на кого-то сердимся! Ум приходит в такое волнение, что мы не можем ни сидеть, ни стоять, ни лежать спокойно. Наша кровь нагревается. Это создает почву для возникновения всевозможных болезней, которых у нас раньше не было. В пылу гнева мы не осознаём тех изменений, которые в нас происходят.

Многие люди улыбаются другим только после того, как взвесят все «за» и «против»: «Если я улыбнусь, будет ли это считаться шагом к знакомству? Попросит ли он у меня денег? Нужны ли ему деньги прямо сейчас?» Они улыбнутся только после того, как тщательно всё просчитают. Но с гневом дело обстоит иначе. Гнев охватывает нас мгновенно. Однако в некоторых ситуациях мы всё же стараемся сдерживаться. Обычно люди не проявляют гнева перед начальством, потому что знают, что им придется за это поплатиться. Начальник может говорить о том, чтобы перевести нас на работу в другой город, не дать нам повышения по службе, на которое мы рассчитывали, даже о расторжении трудового договора. В таких ситуациях большинство людей проявляют большой самоконтроль. Те, кто на это не способен, нарываются на неприятности, и другие воспринимают это как урок. Но немногие сдерживаются, когда сердятся на подчиненных. Именно в таких случаях действительно необходим самоконтроль, ведь подчиненные не могут ответить грубостью на грубость. Они зависят от нас. Их реакция может никак не проявиться внешне, но им будет больно, и они подумают: «Боже, я должен выслушивать эти оскорбления за ошибки, которых не совершал! Неужели Ты не видишь истины, Господи?» Волны горя, исходящие из их сердец, станут для нас проклятием, и избежать его будет нелегко.

Некоторые люди «заваливают» экзамены, хотя очень усердно готовились к ним. Некоторые ходят на одно собеседование за другим, но не могут получить работу. Причина может заключаться в том, что они очень сильно кого-то обидели. Горячая молитва этого человека превратилась в препятствие, подобное проклятию, и оно преграждает поток милости Божьей, который должен был бы достичь их.

Это не значит, что нам не следует делать людям замечаний, когда это необходимо. Если мы видим чьи-то ошибки, важно исправлять их, а поскольку есть люди, на которых не подействуешь мягкостью и лаской, иногда приходится вести себя строго. Но эта строгость должна быть направлена не на человека как такового, а только на неправильное действие. Не следует без необходимости ни с кем вести себя жестко. Необходимо следить, чтобы наши слова и поступки никого не ранили.

Есть семьи, где из года в год смерть уносит кого-то. В других семьях происходит несколько несчастных случаев подряд. Некоторые молодые женщины получают несколько брачных предложений, но ни одно из них не является подходящим. В некоторых семьях не рождаются дети, а члены других семей умирают в молодом возрасте. Есть семьи, где женщины становятся вдовами в тридцать или сорок лет. Этому можно найти только одно объяснение: это плоды предыдущей *кармы* [действий, совершенных в прошлом].

Вот почему Амма вновь и вновь говорит, что мы должны быть очень внимательными в отношении каждого поступка, слова, взгляда и даже мысли. Любая наша мысль, слово и поступок влечет за собой определенные последствия. Как каждое позитивное, так и каждое негативное действие, совершенное нами, влияет на многих людей. В этой связи Амме вспоминается следующая история.

Придворный шут рассказывал царю историю. В ходе повествования он отпустил несколько шуток. Царь не понял их и решил, что шут над ним насмехается. Разгневавшись, он отвесил шуту оплеуху. Бедняге было очень больно. Он злобно заскрипел зубами, но поскольку его ударил царь, он не посмел и слова сказать в свою защиту. Однако, как шут ни пытался, он не мог сдержать гнева, ведь его ударили без всякой причины. Так что он обернулся и ударил человека, стоявшего рядом с ним. Тот воскликнул: «За что?! Я ничего тебе не сделал, так почему ты меня бьешь?»

«Подумаешь! – ответил шут. – Просто ударь того, кто стоит рядом! Жизнь подобна большому колесу. По мере того, как оно вращается, каждый из нас получает то, что заслужил. Так что передавай дальше!»

Любовь – аромат жизни

Мы наблюдаем подобное отношение и сегодня. Мы вымещаем гнев и чувство мести на тех, кто оказывается рядом, хоть они, быть может, вообще ничего не знают о ситуации, которая вывела нас из себя. То, что мы отдаем, вернется к нам сегодня или завтра, в этом нет никаких сомнений. На Западе, если муж ударит жену, часто он получит сдачи. Но в Индии дело обстоит не так. Наши предки научили нас, что муж – это видимая форма Бога. А как муж воспринимает жену? Многие мужья видят в своих женах объект, на котором можно выместить злость. Жена терпит побои и словесные оскорбления и подавляет гнев. Но вот из школы возвращается ее сын. Он вбегает в дом и начинает подпрыгивать от возбуждения, думая о том, как вечером будет играть с друзьями. Но когда мать видит его, ее гнев усиливается. Она хватает сына и говорит: «Ты что – не можешь ходить, а не бегать? Хватит прыгать! Почему ты так перепачкался?»

И она бьет сына, пока не ослабеет ее гнев. Бедный ребенок! Что он сделал плохого? В его мире были лишь радость и смех. Но понимала ли это его мать? В обществе, полном эгоизма, маленький детский мир – мир, полный игр и смеха, – рушится.

Жизнь должна расцвести и наполниться смехом. Это религия. Это духовность. Это настоящая молитва. Бог – это чистая улыбка, сама собой лучащаяся изнутри. Это величайший дар, который мы можем преподнести миру. Но в сегодняшнем мире смех стал чужд людям. Мир сегодня знает лишь улыбку, полную себялюбия, злобы и лукавства. Это не улыбка – это просто растягивание губ, потому что в ней нет сердечности. Это грех, одна из форм насилия, предательство высшего «Я». Мы должны вновь обрести детский мир – мир, полный смеха и веселого задора. В каждом из нас дремлет ребенок. Если мы не пробудим этого ребенка, то не сможем развиваться.

Наши тела выросли, но наш ум вовсе не развился. Чтобы наш ум развился и стал беспредельным, как Вселенная, мы должны стать подобны детям – ведь только ребенок может расти. Нам необходима чистота и смирение ребенка. Смирение – это качество, благодаря которому мы можем стать беспредельными, как Вселенная. Вот почему говорится: можно стать героем, только если сначала станешь «нулем»[38].

Многие люди утверждают, что в сегодняшнем мире нет возможности развиваться путем совершения добрых дел. Но каждый миг жизни – это возможность творить добро. Те, кто хотят творить добро, могут использовать каждое мгновение, а те, кто откладывают добрые дела на потом, обманывают себя.

Какой муж скажет своей жене: «Я буду любить тебя завтра в десять утра или в пять часов дня»? Если бы кто-то так сказал, то стало бы очевидно, что любви нет совсем. Любовь – это не то, что появляется или добавляется позже. Любовь – это то, что есть здесь *сейчас*. Любовь и вера придают жизни красоту. Но людям свойственно бросать камни в любовь и веру, и они делают это всякий раз, когда где-то обнаруживают эти качества. Менталитет людей должен измениться. Любовь – это роза, дающая жизни чистый аромат. Никто не должен швырять в нее камни.

В наше время люди ставят во главу угла рассудок и интеллект и часто придерживаются мнения, что любовь и вера слепы. Но Амма говорит, что слеп рассудок, потому что если не будет ничего, кроме логики и рассудка, то увянет сама жизнь. Поэтому мы должны ставить во главу угла любовь, взаимное доверие и веру. Представьте общество, построенное только на рассудке и интеллекте! В таком обществе будут одни лишь роботы, внешне красивые, независимо передвигающиеся и говорящие. Вот почему Амма утверждает, что любовь и вера – основа жизни.

Навоз и прочие удобрения следует помещать вокруг корней розового куста. Не нужно класть всё это на цветки и

---

[38] Ср. англ.: You can become a hero only if you first become a 'zero'.

портить их сладкий аромат! Отведите рассудку и интеллекту подобающее им место. Не позволяйте им разрушать любовь и веру, которые дают жизни красоту и аромат!

Паломничество в Сабарималу[39] – это один из примеров того, как бессчетное количество людей духовно возрастает благодаря любви и вере. На сорок один день паломники отказываются от алкоголя и дурного общества, перестают проявлять гордыню в речи, воздерживаются от плотских отношений и в целом стараются следовать праведному поведению и избегать неправедного; они также повторяют одну мантру: *Свамие шаранам* [Господь – мое единственное прибежище]. По крайней мере в это время семья и общество не испытывают последствий употребления алкоголя и наркотиков. Однако люди соревнуются в меткости, направляя стрелы критики в адрес даже этого паломничества и связанных с ним традиций! Они утверждают, что паломников одурачивают, играют на их вере и так далее. Но критиканы не видят практической стороны вопроса. Следует подвергать всё тщательному анализу и критиковать что-либо только тогда, когда это оправданно. Критика не должна быть слепой: она не должна губить хорошее. Мы сможем познать принцип высшего «Я» только через любовь и веру.

В наше время тема любви звучит в сотнях кинофильмов, романов и песен. Эту тему предпочитает большинство писателей. Но любовь не рождается лишь в результате чтения или сочинительства. В сегодняшнем мире трудно найти истинную любовь. Даже взаимоотношения между мужем и женой становятся механическими. Сама жизнь стала скучной.

В этой связи Амме вспоминается следующая история. Муж и жена спали на кровати в саду перед домом. Внезапно налетел ураган, поднял их вместе с кроватью и унес прочь.

---

[39] Центр паломничества в индийском штате Керала, где находится знаменитый храм Господа Айаппана.

Они приземлились в ста километрах от дома. К счастью, никто из них не пострадал. Жена разрыдалась. Муж спросил:
– Дорогая, почему ты плачешь? Смотри – мы благополучно приземлились. Мы живы и здоровы и не получили даже ни одной царапины! Так о чём же ты горюешь?

Жена ответила:
– Я плачу не от горя, а потому что я так счастлива!
– Почему ты так счастлива? – спросил муж.

Жена ответила:
– Это же первое наше совместное путешествие с тех пор, как мы поженились! Наконец-то! Когда я подумала об этом, то невольно расплакалась.

Вот какова семейная жизнь в наши дни!

Любовь – это союз сердец. Любовь – это слияние сердец в единое целое. Любовь – это чувство: «Я со всей моей жизнью принадлежу моему возлюбленному!» Любовь – это полная самоотдача. Но полная самоотдача и вечная любовь невозможны по отношению к объектам, подверженным изменениям. Можно испытывать любовь и чувство самоотдачи только по отношению к неизменному Всевышнему.

Истинная любовь – это сердечная жажда Бога, неукротимое устремление к Всевышнему. Мы можем ощутить эту любовь, свободу от эго и полное блаженство только через отдачу себя Богу. Мы должны полностью посвятить жизнь Богу. Это полная самоотдача, без которой невозможно истинное счастье.

Обстоятельства многогранны

Основой успеха являются не наши действия: успех в любом деле возможен лишь благодаря милости Божьей. Когда мы пытаемся что-то сделать, в дополнение к совершаемому нами действию на результат влияет множество различных факторов. Мы сможем добиться желаемого результата лишь в том случае, если все эти факторы будут благоприятными.

Как бы внимательны мы ни были, переходя дорогу, мы всё равно можем попасть под машину из-за неосторожности водителя. Предположим, мы ведем машину и внимательно соблюдаем все правила дорожного движения. Всё равно какой-нибудь пьяный водитель может выехать на встречную полосу и столкнуться с нами.

В наши дни люди обладают обширными знаниями, но по-прежнему не понимают истинной природы мира. Только поняв истинную природу мира, мы сможем ощутить умственный покой. Мы окружили себя всем необходимым для увеличения физического комфорта, но как бы мы ни меняли внешние условия, наша внутренняя основа не меняется.

Амме вспоминается следующая история. Одного индийца как-то пригласили в Америку. Для поездки было организовано всё необходимое. Когда он приехал в дом, где должен был остановиться, хозяйка поприветствовала его и спросила:

– Что Вы будете пить?

Обрадовавшись столь любезному обхождению, он ответил:

– Если можно, чаю.

– Какого чаю желаете? С кофеином или без? Может быть, Вы предпочитаете чай с лимоном? А может быть, с имбирем?

Она назвала еще много разных сортов чая, о которых гость никогда раньше не слышал. Всё, что он когда-либо пил, – это обычный черный чай с обычным молоком и сахаром. Смутившись, он подумал: «Зачем она всё это спрашивает?»

– Я бы хотел обычного чаю, – ответил он.

Хозяйка ушла на кухню, но скоро вернулась.

– Простите, но Вы будете чай с сахаром, заменителем сахара или без сахара? Есть даже полностью натуральный сахар!

Терпение гостя было на исходе:

– Я просто хочу чаю.

Тогда она спросила:

– Вы будете чай с молоком или без? А если с молоком, то каким: цельным, с малой долей жирности или обезжиренным?

Гость совсем расстроился:

– О Боже! Хватит и стакана воды.

Хозяйка тут же спросила:

– Вы будете фильтрованную или родниковую воду? Или предпочитаете газированную?

Терпение гостя лопнуло. Он прошел на кухню, налил себе стакан воды из-под крана и выпил ее. Это всё, что ему было нужно. Но сколько ему было задано вопросов!

Даже если наша потребность незначительна, может быть множество способов ее удовлетворения. В наше время количество этих способов постоянно увеличивается. Например, есть много разных способов добраться до какого-то места – существуют самые разные виды транспорта. Мы можем добраться до места назначения с той скоростью, с какой пожелаем. Но, несмотря на все эти блага цивилизации, когда у нас возникают трудности, страдания или горе, всё это многообразие выбора не может нам помочь – нам остается только страдать. Мы не видим иного выхода. Именно в таких ситуациях нам помогает духовность. Благодаря ей мы можем освободиться от страданий и горя. Почему мы испытываем страдания? Какова причина наших бед? Мы должны понять истинную причину, потому что если мы ее не осознаем, то будем продолжать страдать.

Юноша подходит к девушке и говорит: «Как ты красива! Когда я рядом с тобой, я так счастлив. Не могу представить себе жизни без тебя!» Когда она это слышит, ее переполняет радость. Но проходит немного времени, и он говорит: «Даже не подходи ко мне! Видеть тебя не могу!» Услышав это, она погружается в глубокое уныние. Она не понимает, что такова природа мира, и потому страдает.

Какова природа этого мира? Любовь связана с каким-то объектом. Мы любим корову за ее молоко. Когда она перестает давать молоко, ее продают мяснику. Если мы будем зависеть от мира, то нам придется страдать. Внешний мир не поможет нам, когда мы будем испытывать горе. Когда возникнут страдания, задайте себе вопрос: «Почему это случилось со мной?» Если мы сможем найти ответ на этот вопрос в каждой кризисной ситуации, то будем знать, как найти из нее выход. Тот, кто сейчас пытается пересечь реку, потом сможет пересечь целый океан, если будет постоянно прилагать усилия. Проблемы, время от времени возникающие в жизни, в действительности делают нас сильнее. Бог создает подобные ситуации, чтобы увеличить нашу силу. Если в нашу стопу вонзится маленький шип, мы станем идти более внимательно, что может уберечь нас от падения в глубокую канаву. Помня об этом, мы должны держаться за Всевышнего.

Невозможно стать чемпионом по поднятию тяжестей, если всегда поднимать только маленький вес. Чтобы стать чемпионом, следует прилагать необходимые усилия: сначала поднимать двадцать пять килограммов, потом тридцать, сорок, пятьдесят и так далее, постепенно увеличивая вес. Какую область деятельности ни возьми, добиваются успеха только те, кто прилагают постоянные усилия. Если вы тренируетесь только с малыми весами, то пошатнетесь и упадете, пытаясь поднять большой вес. Сейчас мы не знаем, как стоять на собственных ногах. Если поддерживающая нас опора немного сдвинется, мы неизбежно упадем. Занимаясь духовной практикой, мы «тренируем» умение оставаться утвержденными в нашем внутреннем центре равновесия.

Да будет воля Божья

Дети мои, мы часто говорим: «Это произошло только благодаря тому, что я об этом подумал, по моей воле!» Но разве что-либо происходит по нашей воле?

«Сейчас иду!» – кричит кто-то из дома, а потом делает всего один шаг и падает от сердечного приступа! Если бы всё вершилось только по нашей воле, разве этот человек не мог бы выйти из дома, как обещал? Нам следует понять ограниченность нашей воли и предоставить всё воле Божьей.

В этой связи вспоминается история про Радху и *гопи*[40]. Когда Господь Кришна покинул Вриндаван и отправился в Матхуру, *гопи* были очень опечалены разлукой с ним. Сидя на берегу реки Ямуны, они делились друг с другом своим горем.

– Кришна не взял нас с собой. Если он вернется, мы не должны его больше отпускать, – сказала одна из *гопи*.

– Когда Господь вернется, я попрошу его исполнить мое желание, – сказала другая *гопи*.

– О чем ты попросишь?

– Чтобы я могла вечно играть с Господом – вот о чем я попрошу.

– Можно я тоже попрошу об исполнении желания? – спросила третья *гопи*.

– Какого?

– Чтобы Господь ел масло из моих рук![41] Вот мое желание.

Еще одна *гопи* сказала:

– Он должен взять меня с собой в Матхуру, вот о чем я попрошу.

---

[40] Гопи – пасту́шки и молочницы, которые жили во Вриндаване. Ближайшие преданные Кришны, они обладали высшей любовью к Господу.

[41] Когда Кришна был ребенком, он обожал масло и простоквашу. Он частенько утаскивал у *гопи* масло, за что его прозвали маленьким воришкой масла.

– Я хочу, чтобы он позволил мне всегда обмахивать его веером, – сказала еще одна.

Заметив, что Радха не произнесла еще ни слова, *гопи* спросили:

– Радха, почему ты молчишь? О чем ты попросишь? Скажи нам, Радха!

Они продолжали настаивать, пока Радха наконец не сказала:

– Если у меня возникнет какое-то желание, я принесу его к стопам моего Господа. Его воля – моя воля. Его счастье – мое счастье.

Предоставьте всё воле Божьей. Мы не можем быть уверены даже в том, что сделаем следующий вдох – это не в нашей власти. Всё происходит по воле Божьей. Что мы можем – так это прилагать усилия и двигаться вперед, используя данные нам Богом способности. Никогда не прекращайте прилагать усилия. Очень важно прилагать максимум усилий и стараться делать всё, чем мы занимаемся, наилучшим образом.

Пракрити, викрити, самскрити

Как мы должны прожить эту жизнь, данную нам Богом? Есть известная поговорка: «*пракрити, викрити, самскрити*». Жили-были четверо человек. У каждого было по куску хлеба. Первый съел свой кусок, как только получил его. Второй схватил кусок третьего и съел его вдобавок к своему. Четвертый отдал половину своего хлеба третьему, который потерял свою долю.

Поведение первого человека – проявление *пракрити*, его природы. Он думает о своем счастье. Он никому не причиняет вреда и никому не приносит пользы. Поведение второго человека – проявление *викрити*, отклонения от природной нормы. Удовлетворяя свое эгоистическое желание, он даже причиняет вред другим. Поведение четвертого – проявление *самскрити*, истинного развития. Он отдает другим то, что имеет, и ставит благополучие мира выше собственного счастья. Мы тоже должны быть способны поделиться нашей жизнью с другими ради общего блага. Это *самскрити*, истинная культура, истинное развитие.

Некоторые люди говорят: «Накопленное я утратил, а отданное по-прежнему имею». Что это означает? Если мы отдадим что-то другим, то это, несомненно, вернется к нам, если не сегодня, то завтра. А то, что мы эгоистично присвоим себе, вскоре будет утрачено. В любом случае мы не сможем ничего взять с собой, когда умрем. А когда мы отдаем, наши сердца наполняются радостью, как и сердца тех, кто что-то получил от нас. В этой связи Амме вспоминается следующая история.

По пути в школу мальчик всегда проходил мимо сиротского приюта. Когда он видел несчастные лица сирот, ему становилось больно на сердце. Приближался праздник Онам, и отец дал ему немного денег. Мальчик подумал: «У меня есть отец и мать, которые покупают мне игрушки и новую одежду. Но кто сделает счастливыми этих детей? У них нет родителей, нет родных и близких. Как им, наверное, грустно!» Внезапно ему в голову пришла идея. Он пошел к своим друзьям и сказал: «Давайте сложим деньги, которые получим на Онам, и купим игрушек и масок. Мы сможем продать эти вещи в городе и заработать денег. На эти деньги мы сможем купить еще больше вещей и тоже продать их. На вырученные средства мы сможем купить достаточно игрушек, чтобы раздарить их детям из приюта».

Но другим детям не понравилась эта идея. На свои деньги они хотели купить игрушки для себя. Они думали только о своем счастье. Наконец один мальчик согласился поучаствовать в этом предприятии. Мальчики сложили деньги и купили игрушек и масок. Надев маски, они пошли в оживленный район города и устроили там представление. Глядя на их уморительные трюки, люди покатывались со смеху. Мальчики говорили всем: «Пожалуйста, купите у нас масок и игрушек и подарите своим детям. Это сделает их веселыми и счастливыми, и вы тоже будете счастливы. Вы смеетесь, видя нашу игру, но есть много людей, которые не могут смеяться. Пожалуйста, помогите нам развеселить их, купив что-то у нас!»

Людям понравились слова и поведение мальчиков, и они скупили у них все товары. На вырученные деньги мальчики приобрели еще вещей и все их продали. На заработанные деньги мальчики купили много игрушек и масок. В день Онама мальчики принесли подарки в приют. Когда они пришли, сиротам было очень грустно, и они не могли улыбаться. Мальчики собрали их всех вместе и надели на них маски. Они зажгли *путири* [бенгальские огни] и раздали их сиротам. Забыв о своих бедах, дети стали радостно плясать, бегать, смеяться и играть. Между тем мальчик, который всё это затеял, забыл надеть маску и зажечь *путири* для себя. Он наблюдал, как другие дети весело резвятся, и ничего больше не осознавал. Видя, как они счастливы, он совершенно забыл о себе, и его глаза наполнились слезами радости. Счастье, которое он испытал, было гораздо больше того, что испытали его друзья. Он не взял ничего для себя, но получил всё от того, что отдал. Таково величие сострадания. Мы получаем только то, что отдаем: любовь, если это любовь, и гнев, если это гнев.

Взгляните на мир, дети мои! Сколько людей страдают! Многие так бедны, что не могут позволить себе поесть даже один раз в день. Некоторые испытывают страшную боль, потому что не в состоянии купить болеутоляющее. В то же время другие тратят деньги на табак, алкоголь и дорогую одежду. Десять процентов населения этой страны [Индии], которые богаты, могли бы при желании вытащить бедствующих из ямы нищеты. Если бы они проявили волю, то с нищетой в этой стране было бы покончено. На самом деле подлинно нищие – те, кто разбогател, присвоив долю, принадлежащую другим. Они просто этого не осознают.

Цель жизни – заглянуть внутрь и познать высшее «Я». Лишь познавшие высшее «Я» подлинно богаты. Они обладают истинным сокровищем. Им больше не о чем беспокоиться. Те, кто приближаются к ним, тоже могут пользоваться и наслаждаться этим богатством.

Девяносто процентов всех физических и ментальных проблем обусловлены ранами прошлого. Мы проносим эти раны через всю жизнь. Единственный способ исцелить подобные раны – любить друг друга с открытым сердцем. Как телу необходима пища, чтобы расти, так душе необходима любовь. Любовь дает нам силу и энергию, которых мы не можем получить даже от грудного молока. Давайте постараемся любить друг друга и стать благодаря этому едиными! Давайте дадим такой обет!

Часть вторая

Прими прибежище во Мне одном

Оставив все дхармы,
Прими прибежище во Мне одном.
Я освобожу тебя от всех грехов.
Не печалься!

Бхагавадгита 18:66

Дети мои,
Самореализация – это способность
видеть себя во всех живых существах.

Шри Мата Амританандамайи

Отдайте всё Богу

Дети мои, наш ум привязан к материальным объектам. Наш ум полон эгоизма. Поэтому внутри нас нет места для Бога. Смысл посещения *ашрамов* [духовных центров] и принятия прибежища в духовном Учителе – в том, чтобы выйти из этого состояния и очистить ум. Но в наши дни даже в духовных центрах люди молятся о материальном богатстве. Они произносят слова: «Я очень люблю Бога», но на самом деле необходимы не слова, а отказ от того, что держит ум в рабстве. Только это будет свидетельством нашей самоотдачи и любви к Богу.

Одна девочка написала письмо подруге на день рождения: «Я так обрадовалась при мысли о твоем дне рождения! Я долго искала для тебя красивый подарок. Наконец я нашла его в одном магазине, но он стоил десять рупий, поэтому я его не купила. Пожалуй, я куплю его тебе в другой раз». Девочка очень любила свою подругу – как-то раз она даже сказала, что готова отдать за нее жизнь, – но она оказалась не готова потратить для нее десять рупий. Такова и наша любовь к Богу и преданность Ему. Когда мы говорим: «Я отдал всё Богу», – это всего лишь слова.

Когда мы хотим что-то получить, то обещаем храмовому божеству кокосовый орех. Но получив желаемое, мы ищем самый дешевый, самый маленький кокосовый орех, чтобы поднести его Богу. Дети мои, не таковы настоящая любовь и преданность. Необходимо быть готовыми отдать даже свою жизнь. Если мы что-то отдаем Богу, именно мы извлекаем из этого пользу. Думать иначе – всё равно, что наполнить ведро водой из канавы и поднести его реке со словами: «О река, ты, наверное, хочешь пить! Выпей это!» Богу ничего не нужно от нас. Бог – даритель всего. Бог очищает нас. Общение с Богом избавляет нас от скверны.

Дети мои, лишь человек, в чьем уме живо сознание *дхармы* [нравственности], может приблизиться к Богу. Какими были люди в прошлом? Они были готовы пожертвовать даже собственной жизнью ради птенца. Именно подобное сознание *дхармы* возводит нас к Богу, Всевышнему. Именно умственная широта делает нас достойными того, чтобы приблизиться к Богу, и именно благодаря ей в нас отражаются Божественные качества. Человек, обладающий таким умом, взращивает Божественное начало, которое присуще людям от рождения. Наши добрые дела и положительные качества подобны удобрению, которое питает семя, помогая ему стать деревом. Эгоистичный ум не может воспринять милость Божью. Если мы хотим стать достойны милости Божьей, мы должны избавиться от эгоизма. Достичь этого можно, следуя путем *дхармы*. Посеяв одно семечко, мы получаем десять. Отдав что-то Богу, мы получаем в тысячу крат больше. Если мы вручим себя Богу, нам воздастся за это сторицей. Бог – это Сила, которая защищает нас, а не кто-то, кого мы должны защищать. Это необходимо уяснить.

Если мы не можем отдать Богу наше тело и ум, разве мы не в состоянии отдать Ему наши желания? Но сначала мы должны отдать Ему наш эгоизм, который мешает нам сделать это.

Зачем продолжать нести багаж после того, как вы сели на поезд? Опустите его! Поезд будет везти багаж и доставит его до места назначения. Сбросьте ваше бремя. Вам больше не нужно нести его самим.

Если мы обладаем верой в Бога, в нас возрастает готовность к самоотдаче, и мы начинаем испытывать покой и гармонию. Пока человек эгоистичен, ему приходится самому тащить бремя: Бог не несет за это ответственности. Недостаточно только лишь доверять своему врачу. Необходимо принимать лекарства и придерживаться специальной диеты в соответствии с предписаниями врача. Недостаточно одной лишь веры в Бога. Мы должны жить согласно Божественным принципам. Так мы исцелимся от болезни *самсары* [цикла рождения, смерти и нового рождения] и достигнем цели.

Дети мои, принесите свое бремя к стопам Бога и живите в мире и гармонии.

Преданность Богу проявляется в добрых делах

Милости Божьей удостаиваются не те, кто лишь восхваляют Бога, а те, кто живут согласно Его принципам. Именно они обретают в жизни настоящее сокровище.

У богача было два помощника. Один из них повсюду ходил за ним следом, повторяя: «Господин! Господин!» Он постоянно восхвалял своего господина, но ничего не делал. Второй помощник практически никогда не приближался к своему господину. Он был полностью сосредоточен на выполнении порученной ему работы. Он трудился ради своего господина, жертвуя едой и сном. Которого из помощников любил господин?

Милость Рамы больше устремляется к тем, кто живет согласно его наставлениям, чем к тем, кто постоянно взывает: «О Рама! Рама!» Богу больше по нраву те, кто совершают *тапас* [аскезу] и бескорыстное служение. Это не значит, что мы не должны взывать к Богу. Но взывание к Богу принесет плоды, только если будет сопровождаться добрыми делами. Негативные действия перечеркивают положительные результаты, полученные благодаря повторению имен Божьих, и разрушают наши хорошие *самскары*.

Люди посещают храмы и совершают троекратный обход вокруг божества, а выходя из храма рявкают на несчастного нищего, стоящего у двери, веля ему убираться вон. Мои дорогие дети, это нельзя назвать преданностью Богу. Сострадание к бедным – наш долг перед Богом. Дети мои, вы совершаете хорошие поступки, но также совершаете и плохие. Вследствие этого вы теряете плоды, обретенные благодаря положительным действиям. Насыпьте кучу сахара, а рядом с ней поместите большую колонию муравьев – что еще нужно для того, чтобы от сахара не осталось и следа? Мантру достаточно повторить несколько раз, если при этом совершаешь добрые дела. Это равносильно повторению мантры в течение всего дня.

Наша жизнь должна быть освящена добрыми мыслями и делами. Этого не очень сложно достичь. Старайтесь видеть во всем только хорошее. Никому не завидуйте. Не приобретайте лишнего. Если вы привыкли покупать десять сари в год, сначала сократите их количество до семи, а потом до пяти. Сокращайте количество ненужных покупок и приобретайте только то, что действительно необходимо. Используйте сбереженные таким образом деньги на добрые дела. Есть дети, которые не ходят в школу, потому что не в состоянии заплатить за обучение. Мы можем помочь им с оплатой. Давайте послужим обществу хотя бы таким образом. Мантры, повторяемые людьми, которые помогают другим, дороже всего Богу. Добрые дела – это путь, ведущий к Богу.

Вы можете спросить: «Разве Аджамила[1] не достиг освобождения, повторив имя Божье всего один раз?» На самом деле Аджамилу привело к Богу не одно это слово, а добрые дела, совершенные им в прошлом.

Жил-был купец, который всю жизнь только и делал, что вредил другим. Он не совершил ни одного доброго поступка. Прочитав историю про Аджамилу, он дал всем своим детям Божественные имена с мыслью, что на смертном одре будет произносить их имена и благодаря этому достигнет

---

[1] История Аджамилы рассказывается в «Шримад-Бхагаватам». Аджамила был брахманом, который попал в плохое общество, женился на проститутке и вел порочную жизнь. Он был сильно привязан к младшему из десяти сыновей, которого звали Нараяна (это одно из имен Господа Вишну). Умирая, Аджамила произнес имя своего сына, после чего немедленно явились служители Господа Вишну и прогнали посланников Бога Смерти, которые пришли забрать душу Аджамилы.

освобождения². Когда приближался его смертный час, вокруг него собрались все дети. Открыв глаза и посмотрев на них, купец увидел, что они все в сборе, и забеспокоился, что некому приглядывать за лавкой. «Кто остался в лавке?» – выпалил он и с этими словами испустил последний вздох. Таков удел всякого, кто будет жить, не памятуя о Боге, надеясь, что обретет освобождение, воззвав к Богу в самом конце. Мысли, возникающие в уме человека в его смертный час, будут соответствовать действиям, которые он совершал на протяжении жизни. Поступки человека определят его последние мысли. Если жизнь человека была наполнена добрыми делами, то и на смертном одре в его ум проникнут хорошие мысли.

Совершая бескорыстные поступки и повторяя при этом имена Божьи, домохозяева достигают тех же результатов, что и мудрецы, совершающие *тапас*. Благодаря медитации человек, совершающий *тапас*, сосредоточивает ум, который обычно блуждает. Мудрецы, живущие согласно духовным принципам, посвящают миру энергию, обретенную в результате совершения аскетических подвигов. Служение миру – это путь, который духовные Учителя предписывают домохозяевам, не способным посвятить целый день медитации и повторению мантры. Домохозяева обретают освобождение милостью Учителя, чье сердце тает при виде их бескорыстного служения. *Садгуру* [истинный Учитель] подобен черепахе. Говорят, что черепаха высиживает яйца силой мысли. Аналогично, домохозяева обретают освобождение благодаря мысли *Садгуру*. То, что достигается бескорыстным служением, ничуть не ниже того, что достигается *тапасом*. Это не значит, что нам не нужно взывать к Богу. Это значит, что наши молитвы должны сопровождаться хорошими поступками. Бог не станет слушать пустого повторения

---

² Согласно индуизму и другим восточным религиям последняя мысль умирающего человека влияет на то, какой будет его следующая жизнь.

Своих имен – оно должно сопровождаться добрыми делами. Без них мы не воспримем сострадания Божьего.

Господь Кришна вдохновлял Арджуну сражаться. Он не говорил: «Я уничтожу всех твоих врагов и спасу тебя! Просто посиди и подожди!» Напротив, он сказал: «Ты должен сражаться, Арджуна! Я буду с тобой». Это показывает необходимость человеческих усилий.

Необходимость духовного Учителя

Дети мои, польза совершения *тапаса* должна пониматься в свете ситуаций, с которыми мы сталкиваемся. Мы не должны терять умственной силы и приходить в уныние в трудных обстоятельствах. Это истинное величие. Если духовный искатель будет испытывать покой, сидя в медитации, и чувствовать беспокойство, выйдя из нее, то это не пойдет ему на пользу. Каждый может петь без аккомпанемента. Но мастерство певца, его способность петь в определенной тональности становится очевидной, лишь когда он поет под аккомпанемент фисгармонии и выдерживает ритм. Утвердиться в Истине для духовного искателя – значит выдерживать ритм и сохранять гармонию ума в любых обстоятельствах. Это настоящий *тапас*. Если возникнет гнев, мы не должны ему поддаваться. Если духовный искатель будет поддаваться гневу и становиться рабом обстоятельств, это не поможет ему достичь цели.

В деревне в предгорье Гималаев жил один кузнец. Он гнул металлические прутья на камне возле кузницы. Однажды, подойдя к камню, он увидел рядом с ним кобру. Она лежала там и на следующий день, не в состоянии пошевелиться из-за холода. Кузнец дотронулся до змеи палкой, но она не двигалась. Сжалившись над ней, кузнец отнес ее в кузницу, дал ей молока и фруктов, а затем вернулся к работе. Он накалил металлический прут в огне, придал ему форму и понес его на улицу. При этом он случайно задел прутом змею.

Кобра подняла капюшон и приготовилась броситься на него. До этого он думал, что змея безобидна и никому не причинит вреда. Однако попав в жаркую кузницу, она отогрелась, и ее природа изменилась. Аналогично, когда человек совершает *тапас*, его ум «замерзает», но если не проявлять осторожности, врожденные склонности вновь дадут о себе знать, когда сложится благоприятствующая этому обстановка. Поэтому духовному искателю необходимо укрепить ум, чтобы стойко встречать и преодолевать любые ситуации. Задача духовного Учителя – поднять ученика на этот уровень. Наш ум должен в любой ситуации видеть во всем Бога, высшее «Я». Лишь тогда можно будет сказать, что мы сильны.

Мы должны научить свой ум видеть во всем только хорошее, только Божественный принцип, и вкушать блаженство высшего «Я», подобно пчеле, которая ищет в цветах и вкушает только нектар. Если где-то внутри ученика скрывается гнев или себялюбие, долг Учителя – вывести это на поверхность и искоренить. Пребывая в присутствии Учителя даже в течение короткого времени, ученик обретает зрелость, которой невозможно достичь одной лишь духовной практикой, даже совершаемой длительное время. Когда Учитель дает ученику какую-то работу, простую или сложную, цель Учителя – устранить эго ученика и сделать его готовым к познанию высшего «Я». Ученику необходимо получить от Учителя «сертификат». Долг ученика – повиноваться каждому слову Учителя. Подобно молоту в руках кузнеца, ученик должен стать инструментом в руках Учителя. Ученик должен исполнять каждый указ Учителя. Учитель обладает абсолютной властью над учеником. Только когда ученик сделается инструментом, начнется его рост.

Жил-был один школьник, которому в конце каждого учебного года приходилось пересдавать экзамены по четыре-пять раз. Кое-как ему всё же удалось доучиться до последнего, десятого, класса. Юноша был уверен, что ему не удастся сдать выпускной экзамен даже с десятой попытки. Однако классный руководитель решил помочь ему подготовиться к экзамену. День и ночь, не зная отдыха, он преподавал юноше все предметы, особенно следя за тем, чтобы его внимание не отвлекалось от занятий. Наконец настало время экзамена. Юноша сдал его с первой попытки. *Садгуру* подобен этому учителю, помогшему добиться успеха ученику, которого все считали неспособным. Очень трудно достичь мира высшего «Я», даже если стремиться к этому на протяжении тысячи жизней. Однако с помощью Учителя ученик может достичь просветления всего за одну жизнь.

Если кому-то разрешено жить подле Учителя, это не значит, что он принят в ученики. Учитель принимает человека в ученики, только внимательно понаблюдав за ним и испытав его. Настоящий ученик безоговорочно верит каждому слову Учителя, воспринимая его наставления внимательно и осознанно. Ученик предает себя воле Учителя.

Бессмертие обретается только благодаря самоотречению

Дети мои, мы часто слышали мантру *«Тьягенайке амританмаманашух»* («Бессмертие обретается только благодаря самоотречению»). Эту мантру необходимо не только произносить или слушать: это принцип, которому необходимо следовать в жизни. Мало повторять эту мантру – ею необходимо жить.

Если наш ребенок заболеет, мы отвезем его в больницу, а если не найдем машину, то пойдем пешком, даже если больница далеко. Мы готовы будем упасть в ноги кому угодно, чтобы нашего ребенка приняли на лечение. Если нет отдельной палаты, родители, какое бы высокое положение они ни занимали в обществе, будут готовы провести ночь в общей палате и даже спать на грязном полу. Они будут отпрашиваться с работы на столько дней, сколько потребуется, чтобы ухаживать за ребенком. Но всё это делается для их собственного ребенка, для их собственного душевного спокойствия. Так что это нельзя назвать настоящим самоотречением или самопожертвованием.

Мы готовы много раз подниматься вверх и спускаться вниз по лестницам судов ради одной сотки земли, но мы делаем это ради нашей собственности. Мы отказываемся ото сна и работаем сверхурочно по ночам, но делаем это для того, чтобы заработать побольше для себя. Ничто из этого нельзя назвать самоотречением.

Самоотречение – это пренебрежение своим комфортом и счастьем ради других. Когда мы тратим с трудом заработанные деньги на то, чтобы помочь ближнему, который страдает, это самоотречение. Когда ребенок соседей лежит в больнице, и некому ему помочь, а мы вызываемся подежурить ночью у его постели, не ожидая ничего взамен, даже чьей-либо улыбки, это самоотречение[3]. Когда мы сберегаем деньги, отказывая себе в некоторых вещах, и используем эти средства на доброе дело, это тоже можно назвать самоотречением.

Совершая такие поступки, мы стучимся во врата, ведущие в мир высшего «Я», и благодаря нашим бескорыстным действиям эти врата распахиваются перед нами. Лишь такие поступки можно назвать *карма-йогой* [путем бескорыстных действий]. Бескорыстные действия ведут индивидуальную душу в мир высшего «Я», тогда как другие действия ведут к смерти. Никакое действие, совершенное с сознанием «я» и «мое», никогда нам не поможет.

Мы приходим в гости к другу, с которым давно не виделись, и с любовью дарим ему букет цветов. Именно мы первые наслаждаемся красотой и благоуханием букета, а также испытываем удовлетворение от того, что сделали подарок.

---

[3] В индийских больницах, в отличие от западных, медперсонал предоставляет только лечение, но не уход за больным. Поэтому вместе с пациентом в больнице остается кто-то из его родственников или друзей, чтобы покупать лекарства и помогать в удовлетворении личных нужд.

Мы испытываем точно такую же радость и удовлетворение, совершая бескорыстные поступки.

Вокруг нашего тела существует аура, и как наш голос записывается на пленку, так все наши действия оставляют отпечаток на ауре. Когда действия человека бескорыстны, его аура становится золотистой. Все препятствия исчезают с пути таких людей, что бы они ни делали. Всё для них благоприятно. Умирая, они растворяются в блаженстве Всевышнего, абсолютной Реальности, как газ в бутылке с лимонадом сливается с атмосферой, когда бутылка разбивается. Аура же тех, кто совершает негативные действия, становится темной, на их пути постоянно возникают проблемы и препятствия. Когда они умрут, их аура останется внизу, на земном плане, и станет пищей для насекомых. И им придется снова родиться здесь.

Дети мои, даже если человек, совершающий бескорыстные действия, не находит времени для повторения мантры, он достигнет бессмертия. Такие люди, как нектар, приносят благо другим. Жизнь, посвященная бескорыстному служению, – величайшее духовное послание. Она служит примером для других.

Благотворительность

Дети мои, если, жертвуя на благотворительность, мы не будем проявлять осознанности и проницательности, то нам придется страдать из-за действий тех, кто получает наши подарки. Если к вам подойдет здоровый мужчина и станет просить милостыню, не давайте ему денег. Однако вы можете дать ему пищу. Скажите ему, чтобы он сам зарабатывал себе на жизнь. Давая деньги здоровым людям, мы делаем их ленивыми. Они могут использовать деньги на алкоголь и наркотики, а также для иных негативных целей. Давая им деньги, мы даем им возможность совершать подобные негативные действия, и нам тоже придется пожинать их плоды. Если такие люди будут просить у вас денег, предложите заплатить им за работу. Вы можете предложить им поработать у вас во дворе или выполнить какую-то другую задачу. Платите им только после завершения работы. Выясните, готов ли человек трудиться. Люди, не желающие заниматься никаким трудом, – это разрушители. Помогать такому человеку – значит потворствовать его лени, этим мы приносим вред миру. Если мы будем кого-то кормить просто так, он будет сидеть сложа руки, заболеет от недостатка физической деятельности и станет обузой для себя и для мира. Самое большое скопление лентяев можно наблюдать рядом с благотворительными учреждениями, где бесплатно раздают еду.

Однако мы можем помогать бедным, которые не способны работать из-за слабого здоровья. Мы можем помогать сиротам, у которых нет средств для получения образования. Мы можем заплатить за их обучение и покрыть другие издержки. Нам следует помогать вдовам, которые не имеют средств к существованию. Мы можем помогать тем, кто потерял конечности и не способен даже ходить и просить подаяние. Мы можем покупать лекарства для неимущих, которые больны и не могут позволить себе купить лекарства. Мы можем жертвовать средства *ашрамам* [духовным центрам] и другим организациям, осуществляющим благотворительные проекты, но сначала нам следует убедиться, что они действительно тратят деньги на служение бедным и страждущим. *Ашрамы* и подобные учреждения осуществляют деятельность на благо общества в целом, поэтому помогая им, мы помогаем обществу. Итак, следует быть очень бдительными и проницательными, жертвуя на благотворительность. Наша доброта и оказанная нами помощь никогда не должны способствовать тому, чтобы получатель помощи творил зло. Кому бы мы ни помогали, мы никогда не должны ожидать доброго отношения в ответ. Иногда в ответ нам могут нанести оскорбление. Если мы будем ожидать, что люди будут добры к нам в ответ на нашу доброту, то это принесет нам лишь страдания. Наш ум должен быть подобен палочке благовоний, которая сгорает, даря аромат всем, даже тому, кто ее сжигает. Это то, что приводит нас к стопам Всевышнего. Мы должны приносить благо даже тем, кто причиняет нам вред. У нас должен быть такой умственный настрой, чтобы мы были готовы дарить цветы, когда в нас швыряют колючки. Развив свой ум таким образом, мы сможем жить в мире и гармонии.

Смейтесь от всей души

Дети мои, есть ли среди нас такие, кто не любит смеяться? Конечно же, нет. Если некоторые люди не смеются, то это оттого, что их сердца полны боли и печали. Когда страдания прекратятся, люди естественным образом начнут смеяться. Но сколькие из нас сегодня способны смеяться от всей души? Мы улыбаемся, когда шутим или видим своих друзей, но в то же время мы несем внутри боль. Истинная улыбка рождается в сердце. Лишь подлинная улыбка способна осветить наши лица и сердца тех, кто нас окружает.

Смех многих людей стал не более чем растяжением и сокращением определенных мышц лица. В таком смехе нет чистоты. Смех над чужими ошибками – это не настоящий смех. Мы должны быть способны от души смеяться над своими собственными ошибками. Мы должны быть способны смеяться, забывая обо всем, – помня лишь о высшей Истине. Это настоящий смех, смех блаженства. Но способны ли мы на это?

Сегодня мы обычно смеемся, вспоминая о чужих недостатках или злословя о других. Дети мои, плохо говорить о других – значит плохо говорить о себе.

Амме вспоминается одна история. У духовного Учителя было два ученика. Оба они были в равной степени эгоистичными и вечно критиковали друг друга. Как Учитель ни наставлял их, поведение учеников не менялось. Наконец

Учитель нашел решение. Однажды ночью, когда оба ученика крепко спали, он раскрасил их лица разноцветными красками, чтобы они стали похожи на клоунов. Когда, проснувшись утром, один из них увидел лицо другого, он громко рассмеялся. «Ха-ха-ха», – загоготал он. Услышав это, второй ученик тоже проснулся. Как только он увидел лицо другого, он тоже рассмеялся. В то время как оба они покатывались со смеху, кто-то принес зеркало, поставил его перед одним из учеников и сказал: «Смотри!» Ученик схватил зеркало, поставил его перед лицом второго и сказал: «Посмотри на это!» Скоро оба они перестали смеяться. Дети мои, мы похожи на этих учеников. Мы плохо говорим о других, не сознавая, что они тоже потешаются над нашими ошибками.

Дети мои, подмечать ошибки других людей и высмеивать их очень просто, но нам не следует так делать. Вместо этого нам нужно обращать внимание на свои собственные недостатки и ошибки и смеяться над ними. Это будет способствовать нашему росту.

Если говорить о счастье, то мы обретаем его двумя путями. Мы радуемся, когда с нами происходит что-то хорошее и когда с другими происходит что-то плохое. У несчастья тоже два источника: наши собственные беды и счастье других.

Один бизнесмен отправил за границу судно, груженое товарами. Однако судно утонуло. Бизнесмен был так потрясен, что слег. Он перестал есть, спать и говорить и постоянно думал о своей потере. Его лечили многие врачи и психиатры, но его страдания не ослабевали, и болезнь не отпускала его. Он оставался прикованным к постели. Однажды к нему прибежал сын и сказал: «Отец, ты слышал новость? В здании, где находилась фирма твоего конкурента, который вечно ставил тебе палки в колеса, произошел пожар! Ничего не осталось – он потерял всё!» Услышав это, бизнесмен, так долго молча лежавший в постели, внезапно вскочил, расхохотался и сказал: «Отлично! Я всегда был уверен, что с ним случится что-то подобное в наказание за его эгоизм! Сынок, принеси-ка мне чего-нибудь поесть! Живее!» Этот человек, который еще недавно не мог ни спать, ни есть, испытал невиданную радость, услышав, что кто-то другой потерял всё.

Дети мои, такова природа нашего счастья. Сейчас наш смех вызван чужим горем. Это не настоящий смех. Мы должны печалиться с другими, когда они несчастны, и радоваться вместе с ними, когда они счастливы. Мы должны видеть во всех часть нашего высшего «Я». Лишь когда наши сердца очистятся благодаря любви и бескорыстию, мы начнем наслаждаться блаженством, которое является нашей истинной природой. Лишь тогда мы сможем смеяться от всей души. До этих пор наш смех будет механическим, потому что не принесет нам подлинной радости.

Любите без привязанности и служите без ожиданий

Дети мои, многие из вас могут задаться вопросом, зачем *ашрам* содержит больницу. Разве Господь не воплотился как Дханвантари [Бог медицины]? Разве он не показал нам, как важны лекарства и медицина? В Священных Писаниях говорится, что нам необходимо поддерживать тело. Если мы обратимся к жизни *Махатм* [Великих Душ] прошлого, то увидим, как это верно. Шри Рамакришна, Свами Вивекананда, Рамана Махарши – все они, заболев, проходили лечение. Они не сидели сложа руки, заявляя: «Я Брахман [абсолютная Реальность], а не тело». Телу свойственно болеть, поэтому необходимо лечиться и поддерживать его. Без топлива не будет огня. Если мы хотим познать высшее «Я», нам необходимо поддерживать инструмент его познания. Нельзя говорить, что духовность несовместима с медициной и медицинскими учреждениями. Напротив, они помогают поддерживать тело – инструмент, который мы используем для познания высшего «Я».

Многие люди после встречи с Аммой приехали жить в *ашрам*. Некоторые приехали из Индии, а некоторые из-за рубежа. Многие из них врачи. Они хотят быть с Аммой. Поэтому Амма решила дать им возможность совершать *севу* [бескорыстное служение], выполняя ту работу, которая им знакома, – ведь сколькие могут медитировать двадцать четыре часа в сутки? Что же они будут делать остальное время, когда не медитируют? Если они будут просто сидеть сложа руки, то у них начнут возникать всевозможные мысли. Это тоже деятельность, которая никому не приносит никакой пользы. Если же они будут делать что-то практическое, это принесет пользу миру.

Кто-то может сказать, что не желает ничего, кроме освобождения, что в случае болезни готов отказаться от лечения и умереть. Но чтобы достичь освобождения, таким людям также нужна милость Божья, а чтобы получить эту милость, они должны обладать внутренней чистотой. Чтобы внутренне очиститься, необходимо совершать бескорыстные действия. Именно благодаря бескорыстным действиям человек становится достоин милости Божьей. А чтобы совершать бескорыстные действия, необходимо поддерживать тело и лечить болезни.

Джняна [высшее знание] и *бхакти* [любовь к Богу] подобны двум сторонам одной монеты, а *карма* [деятельность] подобна гравировке на этой монете. Именно гравировка придает монете ценность.

Бхакти и *карму* можно сравнить с двумя крыльями птицы, а *джняну* – с ее хвостом. Птица может высоко воспарить лишь имея все эти три части тела.

Даже в древних *гурукулах* ученики трудились. Они не считали это *кармой* – для них это была *гуру-сева*, служение духовному Учителю. Действие, совершаемое для духовного Учителя, – это не действие, а медитация. Говорится, что необходимо совершать *севу* с таким отношением, что *ашрам* – это тело Учителя. Со временем следует научиться рассматривать весь мир как тело Учителя и служить ему. Это настоящая медитация. На самом деле постоянно помнить об этом принципе – тоже медитация.

Большинство знают историю об ученике[4], который загородил собственным телом течь в запруде, чтобы паводком не затопило поле Учителя. Для ученика это было не просто поле. Он был готов пожертвовать даже своим телом, чтобы спасти посевы Учителя. Это нельзя назвать простым действием. Состояние, когда человек полностью забывает о себе, – высшее состояние медитации. В былые времена вся работа в *гурукулах* выполнялась учениками. Они собирали в лесу дрова, пасли коров и выполняли другую работу. Они не считали это просто работой. Для них это была духовная практика – служение Учителю и форма медитации.

Сюда приезжают сотни детей Аммы, которые образованны и имеют опыт работы. Как они могут сразу же начать медитировать целыми днями? Совершать какую-то работу на благо мира гораздо лучше, чем сидеть, не в состоянии по-настоящему медитировать и позволяя уму загрязняться всё новыми и новыми мыслями. Каждый может заниматься какой-то деятельностью в соответствии со своими способностями, повторяя при этом мантру. Это приносит пользу как самому человеку, так и миру. Это внутренне очищает нас и приближает к цели.

Никто не может достичь цели без усилий. Усилия абсолютно необходимы как в мирской, так и в духовной жизни. Однако чтобы наши усилия увенчались успехом, необходима милость Божья, а чтобы стать достойным милости, – необходимо бескорыстие.

Дети мои, совершая бескорыстное служение на благо мира, вы можете думать: «Из-за всей этой деятельности

---

[4] История из «Махабхараты». Этот ученик, которого звали Аруни, стал великим мудрецом благодаря благословению духовного Учителя.

у меня нет ни минуты, чтобы подумать о Боге. Всё время тратится на работу. Неужели моя жизнь так и пройдет впустую?» Но тем, кто совершает бескорыстные действия, не нужно никуда идти в поисках Бога, потому что истинный храм Божий – сердце человека, совершающего бескорыстное служение.

Вот как возникли все здешние учреждения. Когда сюда приехали дети Аммы, имеющие опыт в области образования, они создали школы. Когда приехали специалисты в области информационных технологий, они основали компьютерные школы. Приехали мои дети – инженеры и начали строить здания для этих учреждений. Приехали врачи, и благодаря им удалось создать больницы. Для них всё это не работа, а духовная практика, медитация, *гуру-сева*. Дети мои, Амма говорит вам, что благотворно даже дыхание тех, кто самозабвенно трудится ради блага мира.

Некоторые люди, следующие путем Веданты, заявляют, что действие порождает новые склонности, даже если совершается ради блага мира. Но это позиция лентяев. Господь Кришна говорит в Гите: «Арджуна, мне нечего приобретать ни в одном из трех миров, и всё же я продолжаю совершать действия».

Совершайте действия без привязанности. Действуйте без мысли: «Я делаю». Вместо этого думайте: «Бог действует через меня». Работа, совершаемая с таким отношением, никогда не ввергнет нас в рабство – напротив, она приведет к освобождению. Обратившись к любой части Гиты, мы увидим, какое важное значение в ней придается человеческим усилиям.

Даже *ведантисты*[5], утверждающие: «Я Брахман, так почему я должен работать?» – идут к врачу, когда заболевают. Они требуют, чтобы их накормили обедом ровно в час дня и

---

[5] Те, кто следуют путем Веданты.

чтобы постель была готова к десяти вечера. Если им нужны все эти услуги, почему им не приходит в голову, что миру тоже нужна помощь? Если вы полагаете, что всё тождественно единому высшему «Я», то ничего нельзя отвергать – всё нужно принимать. Мерилом духовности человека является степень его бескорыстия.

Некоторые полагают: единственное, что нужно *санньясину* [монаху], – отправиться в Гималаи и остаться там жить. Дети мои, бескорыстное служение миру – это начало настоящего поиска высшего «Я». Это также и конец поиска. Проявлять сострадание по отношению к тем, кто испытывает боль и нужду, – наш долг перед Богом. Наш высочайший, наиглавнейший долг в этом мире – помогать ближним. Богу ничего не нужно от нас. Всевышний всегда полон. Солнце не нуждается в свете свечи. Бог – защитник всей Вселенной. Бог – воплощение любви и сострадания. Мы преодолеваем ограничения, лишь взращивая эту любовь и сострадание. *Санньясины* учатся любить без привязанности и служить без ожиданий. Они должны сбросить бремя эгоизма и нести на своих плечах груз служения миру.

Мы станем достойны милости Божьей, лишь когда сможем любить всех живых существ и служить им, не желая ничего для себя. Медитировать, не обретя внутренней чистоты посредством бескорыстного служения, – всё равно что наливать молоко в грязный сосуд. Мы забываем эту истину. Мы забываем о своей обязанности служить тем, кто страдает. Мы посещаем храм и совершаем богослужебные обряды, а когда мы выходим оттуда и нас обступают больные или безработные и протягивают руки, чтобы получить немного еды, мы не обращаем на них внимания или огрызаемся на них и гоним их прочь. Дети мои, истинное служение Богу – любовь и доброта по отношению к страждущим.

Так что, дети мои, мы должны идти к тем, кто страдает. Но наряду с материальной помощью нам следует также стараться передать людям знание духовных принципов. Накормить голодающих – важно, но этого недостаточно. Даже если мы наполним их желудки, вскоре они снова проголодаются. Нам следует также объяснять им духовные принципы. Мы должны постараться, чтобы они поняли цель жизни и природу мира. Тогда они научатся быть счастливыми и удовлетворенными в любых обстоятельствах. Лишь тогда наше служение будет плодотворным во всех отношениях.

В наше время все стремятся получить в жизни более высокий статус. Никто не думает о положении тех, кому повезло меньше.

Амме вспоминается одна история. Жила-была бедная вдова, которая работала служанкой в доме богача. Ее единственная дочь была инвалидом. Когда женщина приходила на работу, они приводила девочку с собой. У богача тоже была дочь. Она очень любила дочь служанки. Играла с ней, кормила ее сладостями и рассказывала ей сказки. Но ее отцу это не нравилось. Он постоянно ругал дочь и говорил ей: «Тебе не следует играть с ней! Зачем ты нянчишься с этой грязной калекой?» Дочь ничего ему не отвечала. Он подумал: возможно, она играет с этой девочкой, потому что ей больше не с кем играть. Как-то раз он привел домой дочь одного из своих друзей. Его дочь улыбнулась ей, дружелюбно поговорила, а потом взяла на руки дочь служанки и стала с ней играть. Увидев это, отец спросил: «Доченька, разве тебе не нравится девочка, которую папа привел, чтобы играть с тобой?» Дочь ответила: «Она мне очень нравится, но позволь мне кое-что сказать. Даже если бы мне не понравилась девочка, которую ты привел, есть много людей, которые ее любят. Но папа, кто будет любить ту, другую, девочку, если не я? У нее нет друзей, кроме меня».

Дети мои, таким должно быть наше отношение. Мы должны от всего сердца любить бедных и страждущих.

Проявляйте к ним милосердие и помогайте им встать на ноги. Это наш долг перед Богом.

Вы можете спросить: «Если бескорыстное служение настолько возвышает, то зачем нужны медитация и *тапас*?» Дети мои, если обычный человек подобен электрическому проводу, то человек, совершающий *тапас*, подобен мощной линии электропередач. Благодаря *тапасу* можно обрести большую силу. Это подобно выработке энергии за счет строительства плотины на реке, имеющей девять рукавов. Но мы должны желать посвятить миру энергию, обретенную благодаря *тапасу*. Мы должны быть готовы отдать всё, как палочка благовоний, которая сгорает, распространяя аромат повсюду. Милость Божья сама собой устремляется к тем, чьи сердца так широки.

Дети мои, нам следует стараться воспитать в себе сострадание. Нам следует ощущать насущную потребность служить страждущим. Мы должны быть готовы трудиться ради блага мира в любой ситуации.

Многие люди медитируют, просто закрыв глаза или пытаясь открыть третий глаз и превзойти ограничения двух глаз, видящих мир. Им это не удастся. Заниматься медитацией очень важно, но этого недостаточно. Мы не можем закрывать глаза на мир во имя духовности. Видеть наше собственное «Я» в каждом живом существе с открытыми глазами – вот что такое Самореализация. Мы должны видеть себя в других, любить их и служить им. Вот как достигается совершенство в духовной практике.

Амма молится во время празднования ее дня рождения

Часть третья

Повсюду Его руки и ноги

Повсюду Его руки и ноги,
Со всех сторон Его глаза, головы и уши –
Он пребывает в этом мире, объемля всё.

Бхагавадгита 13:14

Дети мои,
Эта страна будет развиваться и процветать,
Только если мы сможем воспитать людей, имеющих
Силу и стойкость высшего «Я»
И готовых к самоотдаче.

Шри Мата Амританандамайи

Амма обращается к своим детям по случаю праздника Онам

Всеобъемлющая любовь – высшее проявление преданности Богу

Послание Аммы по поводу празднования Онама в Амритапури

Праздник Онам – это день, который напоминает нам о слиянии преданного с Всевышним. Мы сможем слиться со стопами Господа, только если полностью отдадим Ему свой ум.

Но как отдать свой ум? Когда мы отдаем то, к чему больше всего привязан наш ум, это равнозначно отдаче ума. В настоящее время наши умы больше всего привязаны к материальному благосостоянию. Мы не готовы отказаться даже от самой малости. Отправляясь в паломничество, мы берем с собой немного мелочи, чтобы раздать нищим. Но мы изо всех сил стараемся набрать монет достоинством в одну или две *пайсы*[1] и уж никак не более пяти пайсов. Цель благотворительности – превратить наши эгоистичные умы в умы, свободные от эгоизма, и в то же время дать бедным то, в чем они нуждаются. Но мы проявляем скупость даже в этом. Мы испытываем жадность, даже совершая подношение божеству в храме. Настоящая отдача себя Богу – это не только слова, но и дела. Истинный преданный – тот, кто полностью отдал себя Богу. Сегодня мы не имеем права даже произносить слово «преданный». Но не таков был Махабали. Он отдал Богу всё, что имел. В результате он без промедления достиг высшего состояния. Часто говорят, что Господь Своей ногой столкнул Махабали в Паталу (преисподнюю). Но это неправда. Волею Господа душа Махабали слилась с

---

[1] Пайса – одна сотая часть рупии.

Ним. А тело, которое было производным неведения, было отправлено в тот мир, которого оно заслуживало.

Несмотря на то, что Махабали был родом из *асуров*[2], он был предан Богу и обладал многими положительными качествами. Но обладая также большой гордыней, он подумал: «Я царь! Я достаточно богат, чтобы даровать всё что угодно кому пожелаю». Он не осознавал, что из-за гордыни теряет всё, что должен был бы обрести. Несмотря на то, что он обладал щедрой натурой, гордыня мешала ему пожать плоды щедрости.

Обязанность Господа – устранить эго преданного. Господь явился Махабали в образе Ваманы, Божественного мальчика-карлика[3]. Он попросил у Махабали столько земли, сколько сможет отмерить тремя шагами. Махабали подумал, что Господь просит у него, у царя, способного даровать всё царство, очень незначительное количество земли. Но к тому времени, как Вамана сделал два шага, Махабали лишился всего, чем владел, потому что эти два огромных шага охватили всё его царство. Тогда эго Махабали тоже исчезло: «Как незначительно всё мое богатство по сравнению с Господом! Рядом с ним я ничто». В Махабали стало возрастать смирение: «Я ни на что не способен. Все силы – его». Избавившись от гордыни, Махабали склонился перед Господом и полностью растворился во Всевышнем. Иными словами, когда милостью Божьей было разрушено его чувство «я» и «мое», он слился со стопами Господа. Так что Господь, вопреки расхожему мнению, не сталкивал Махабали в преисподнюю Своей ногой.

В конце Господь спросил Махабали: «У тебя есть какие-то желания?» Махабали ответил: «У меня есть только одно желание: чтобы все в этом мире, и стар и млад, могли есть

---

2   Демон или человек с демоническими качествами.

3   Воплощение Господа Вишну.

досыта, носить новую одежду и вместе весело танцевать; чтобы повсюду были радость и мир». Это стремление настоящего преданного. Преданный не желает Самореализации, или освобождения. Его единственное желание – чтобы каждое живое существо в этом мире было счастливо. Когда вы встаете на путь, ведущий к Господу, некоторые люди начинают сетовать, что вы покинули всех ради собственного освобождения или ради того, чтобы попасть на Небеса. «Разве это не эгоистично?» – вопрошают они. Но преданный принимает прибежище в Господе только для того, чтобы самозабвенно любить мир и служить миру. Вот почему преданный совершает аскезу. Его стремление – чтобы мир стал таким, где все находят радость в произнесении имен Божьих.

Сегодня день полной самоотдачи. Пока остается чувство «я», невозможно достичь высшего состояния. Наш эгоизм должен полностью исчезнуть.

Амме вспоминается одна история. В древнем царстве Магадха жил царь по имени Джаядева. У него было три сына. Состарившись, царь решил отречься от престола и начать жизнь *ванапрастха*. Обычно трон наследует старший сын, но Джаядева решил отдать трон тому из сыновей, который действительно бескорыстно любил народ. Царь призвал своих трех сыновей и спросил их:

– Вы в последнее время совершали какие-то хорошие поступки?

Старший сын ответил:

– Да, я совершил хороший поступок. Один из друзей дал мне на хранение драгоценные камни. Когда через некоторое время он захотел получить их обратно, я вернул ему их все до одного.

– Ну и что? – спросил царь.

– Я мог украсть несколько драгоценных камней из его коллекции, – ответил принц.

– Почему же ты не украл?

– Если бы я что-то украл, я почувствовал бы укор совести, и это причинило бы мне страдания.

– Значит, ты не стал воровать, чтобы избежать страданий, – сказал царь.

Призвав второго принца, он спросил:

– Ты совершил какой-нибудь хороший поступок?

– Да. Во время путешествия я увидел, что ребенка уносит быстрое течение реки. Он тонул, а в реке было полно крокодилов. Хотя вокруг было много народу, никто не пытался спасти его, потому что все боялись крокодилов. Но я бросился в реку и спас мальчика!

– Почему ты был готов пожертвовать жизнью, чтобы спасти его? – спросил царь.

– Если бы я этого не сделал, люди сказали бы, что я от страха убежал, хоть я и сын царя. Они назвали бы меня трусом!

– Значит, ты спас его, чтобы снискать похвалу и ради своей репутации, – сказал царь.

Призвав третьего сына, он спросил:

– Ты сделал что-нибудь хорошее?

– Не помню, чтобы я совершил какой-то хороший поступок, – сказал младший принц.

Услышав это, царь забеспокоился. Не поверив сыну, он призвал своих подданных и спросил:

– Вы знаете, совершал ли мой младший сын какие-то хорошие поступки?

Все ответили:

– Он всегда интересуется, всё ли у нас в порядке. Он дает нам денег, когда мы в них нуждаемся, и помогает нам; когда мы голодаем, он посылает нам еду; строит дома для бездомных. Он сделал очень много хорошего, но велел нам никому об этом не рассказывать.

Царь Джаядева понял, что младший сын достойнейший из его детей, и передал ему трон.

Дети мои, чем бы вы ни занимались, у вас не должно быть мысли: «*Я делаю это*». Не делайте чего-то только для того, чтобы произвести на других впечатление. Рассматривайте всякое действие как способ поклонения Богу. Мы способны совершать действия только благодаря Божественной силе. Колодец говорит: «Люди пьют мою воду; благодаря мне они могут помыться и постирать одежду». Но колодец забывает о том, откуда берется его вода.

Дети мои, мы всего лишь инструменты. Всё происходит благодаря Божественной силе. Не забывайте об этом! Полностью отдайте себя Богу, идя по жизни. Бог защитит вас.

Дети мои, наши любовь и привязанность должны быть направлены на Всевышнего. Все, кого мы называем родными, наши родственники, неизбежно покинут нас, если обстоятельства изменятся. Всевышний – наш настоящий родственник. Только Всевышний вечен. Мы должны постоянно осознавать это. Тогда нам не придется горевать.

«О Мать! Если я буду держать Тебя за руку, я могу отпустить ее и побежать за какой-нибудь игрушкой! Временами я могу проваливаться в ямы – поддаваться мирским радостям и печалям. Но если *Ты* будешь держать меня за руку, то этого не случится, потому что Ты будешь со мной всегда. В Твоих руках я в безопасности». Молитесь так, дети мои. Старайтесь непрестанно думать о Боге. Полностью отдайте себя Ему. Тогда вы несомненно сможете достичь высшего состояния.

«Амрита крипа сагар», хоспис для неизлечимо больных раком в Мумбаи

Сострадание – суть духовности

Послание Аммы по случаю закладки хосписа «Амрита крипа сагар» в Мумбаи для неизлечимо больных раком, который был открыт организацией Аммы «Мата Амританандамайи Матх» в 1995 г.

Дети мои, необходимы не слова, а дела. Амма побывала уже в большинстве регионов мира. У нее была возможность встретиться с сотнями тысяч человек, и она видела их страдания. Вот почему Амма решила создать подобное учреждение.

В сегодняшнем мире больше всего не хватает любви. К Амме на *даршан* приходят многие супружеские пары. Жена говорит: «Амма, мой муж меня не любит!» Когда Амма спрашивает мужа: «Сын мой, почему ты ее не любишь?» – она обычно слышит в ответ: «Но я *люблю* ее! Я просто этого не показываю, вот и всё!»

Дети мои, этого недостаточно. Какая польза от меда, спрятанного внутри скалы? Какой смысл давать лед человеку, умирающему от жажды? Что проку говорить: «Внутри я чувствую по отношению к ней любовь»? Любовь необходимо явным образом выражать, дети мои!

Без «паспорта» любви мы не получим «визы», необходимой для освобождения. В Священных Писаниях говорится, что мы должны желать, чтобы мир получал от нас то, что сами хотим получить от мира. Мы хотим, чтобы окружающие приносили нам радость, поэтому мы никогда не должны причинять окружающим страданий. Христос говорит, что нужно возлюбить ближнего своего, как самого себя. В Коране говорится, что если заболеет осел твоего врага, ты должен вылечить его. Но в наше время умонастроение людей стало иным. Жизнь полностью изменилась. Сострадание исчезло.

Мы радуемся, когда соседний магазин терпит финансовый крах или на наших соседей обрушивается несчастье. А если они счастливы, то мы чувствуем себя несчастными. Вот какое сострадание мы испытываем по отношению к ближним!

Дети мои, если вы любите по-настоящему, это само по себе Истина. Настоящая любовь – это Бог. Это *дхарма*. Это блаженство.

Истинно любящий человек не может лгать, потому что в нем есть место только для Правды. Мы не причиняем вреда тем, кого любим по-настоящему. В состоянии любви прекращается всякое насилие. Где есть истинная любовь, исчезает всякая двойственность. В затопленном поле есть границы, образуемые насыпями. Если убрать эти насыпи, останется только вода. В любви все различия исчезают сами собой. Любовь вмещает всё.

У кого-то может быть иное понимание любви, и это нормально. Человек, отправляющийся в поле, чтобы найти там пищу для коров, воспринимает растущую там траву как корм для скота, тогда как травник видит в этом же поле лекарственные растения. У людей разные природные свойства, и может быть разное мировосприятие. Но таков путь Аммы.

Полноводной реке не нужна вода. Однако *нам* нужна речная вода, чтобы очистить наши сточные канавы. Богу ничего не нужно от нас. Если мы оглядимся вокруг, то заметим, что многие люди страдают. Давайте утешать их. Давайте оказывать им помощь, в которой они нуждаются. Это настоящая любовь к Богу. Это истинный духовный принцип.

Многие дети Аммы приходят к ней в слезах. Однажды Амма спросила у плачущего мальчика: «Что случилось, сынок?» Он ответил: «У моей мамы рак, и вчера она восемь часов кричала от боли, а у нас не было денег, чтобы купить ей болеутоляющее!»

Представьте себе эту женщину, которой пришлось на протяжении восьми часов кричать от боли, потому что у ее родственников не было десяти или двадцати рупий, чтобы купить для нее таблетки! Амма знает множество таких случаев. В тот же день Амма приняла решение сделать что-то для помощи таким людям. Вот почему строится этот хоспис.

Когда думаешь о страданиях таких людей, невозможно не вспомнить и о другом. Когда в одной квартире кто-то стонет от невыносимой боли, в соседней квартире часто находятся люди, пьяные в дым и крушащие всё, что попадется под руку. Если бы они чувствовали хоть немного сострадания по отношению к тем, кто стонет от боли, их эгоизм исчез бы.

Милосердные позна́ют милосердие Господа, который является высшим Принципом, и будут наслаждаться блаженством высшего «Я». Настоящие герои – это те, кто находят радость внутри себя. Это признак мужества. Тех, чья радость зависит от внешних объектов, нельзя назвать мужественными – они слабы.

Врачи перестают лечить больного раком, когда уже ничем не могут ему помочь. Поняв, что медицина бессильна, члены семьи больного начинают ненавидеть врачей и бросают умирающего. Потеряв всякую поддержку, больной лежит, постепенно угасая, ожидая, что смерть наступит с минуты на минуту, терпя физические страдания, а также душевные муки из-за того, что семья его оставила. Таких людей можно встретить на улицах Мумбаи.

Нам всем необходимы возможности для совершения духовной практики и бескорыстного служения. Давайте же помогать тем, кто испытывает боль, утешать их и говорить с ними о духовных ценностях. Это надежда Аммы. Многие больные потеряли всякую надежду. Оказываемая им помощь – истинное служение.

Дети мои, молитва – это не только повторение мантры. Доброе слово, улыбка, милосердие – всё это часть молитвы. Если в нас нет любви и доброты, то сколько бы *тапаса* [аскезы] мы ни совершали, это будет подобно переливанию молока в грязный сосуд.

Некоторые люди спрашивают: «Что важнее – духовная практика или деятельность?» Истинный *тапас* – это сохранение равновесия тела и ума в любых обстоятельствах. Некоторые люди интенсивно занимаются духовной практикой, но дают волю гневу даже из-за мелочей. Когда это происходит, они не сознают, что говорят и делают. Другие искренне и с энтузиазмом занимаются деятельностью, но падают духом, сталкиваясь даже с незначительными проблемами, и полностью теряют контроль над умом. Так что недостаточно уделять внимание только одному – духовной практике или деятельности. Нам необходимо и то, и другое. Обычный человек подобен свече, но если он будет совершать *тапас*, то может засиять подобно солнцу. Однако в глазах Аммы настоящий *тапасви* [подвижник] – это тот, кто посвящает свой *тапас* также и миру.

Пусть это начинание – создание хосписа – получит благословение каждого из вас. Это молитва Аммы.

Подлинное богатство – это любовь

Послание Аммы по случаю Онама, 1995 г.

Дети мои, сегодня день единства и взаимопомощи. Только благодаря этому мы сможем обрести истинное счастье. Сегодня день вкушения истинной радости. Вот почему люди говорили: «Отпразднуй Онам, даже если тебе придется продать свою землю!» За этим стоит великий принцип. Идя по жизни, мы стремимся накопить как можно больше. Мы стяжаем, и ради стяжательства готовы даже отказываться от пищи и сна. Мы соперничаем друг с другом и проявляем мало любви по отношению к членам семьи и друзьям. Мы думаем только о работе и деньгах. Но когда придет конец, мы не сможем взять с собой ничего из накопленного. Если взглянуть на тех, кто ведет эгоистичную жизнь, мы увидим, что они живут в аду, – и после смерти они тоже попадают в ад. Дети мои, единственное, что возвышается над эфемерными ценностями и длится вечно, не имеет ничего общего с богатством, властью, званием и положением в обществе. Это любовь.

Однажды муж сказал жене:

– Я собираюсь заняться крупным бизнесом. Мы станем очень богаты.

Жена ответила:

– Разве мы уже не богаты?

– Что ты имеешь в виду? Мы едва сводим концы с концами!

– Дорогой, разве ты не со мной, а я не с тобой? Так чего же нам недостает?

Услышав эти нежные слова, муж прослезился и обнял жену. Дети мои, подлинное богатство – это любовь. Любовь – это истинная жизнь.

В наше время, как бы богаты люди ни были, они живут в аду, потому что отсутствует взаимная любовь. Процветает эгоизм. Это не значит, что мы не должны зарабатывать деньги или что деньги не нужны. Однако нам следует понять: ничто не останется с нами навечно, мы не сможем ничего взять с собой после смерти. Если мы осозна́ем эту истину, то не будем чрезмерно радоваться, приобретая материальные ценности, и надолго впадать в уныние, теряя их. Даже если мы потеряем мирское богатство, с нами останется неиссякаемое богатство любви, наделяющее нашу жизнь миром и гармонией.

Думая об Онаме, многие люди приходят к заключению, что с Махабали обошлись несправедливо. «Разве Господь не столкнул Махабали ногой в преисподнюю, хотя Махабали отдал Ему всё?» – спрашивают они. Это правда, что Махабали отдал всё материальное богатство, но он совершал все действия с мыслью: «*Я делаю это*». Он никак не мог избавиться от такого отношения. Это «я» и есть дар, который хотел получить Господь. Обязанность Бога – защищать своих преданных. Часто говорят, что эго обитает в голове. Склоняя голову перед кем-то, мы теряем эго. Не всем легко дается такое отношение. Склонившись перед Господом, Махабали на самом деле отказался от телесного сознания и проник в мир высшего «Я». Это идеал, достижению которого учит данное сказание.

Жил-был богач, который захотел стать *санньясином* [монахом]. Он отдал всё свое состояние, построил маленькую хижину на вершине холма и перебрался туда. Услышав, что на холме поселился новый *санньясин*, к нему стали приходить многие люди. Всё, что он мог им сказать, было: «Вы знаете, кто я такой? Вы знаете, какое у меня было состояние? Всё, что вы там видите, было моим! Я всё раздал людям». Он отдал всё, что имел, и покинул дом, но ничто из этого не покинуло его ум!

Так же было и с Махабали. Но обязанность Господа – спасти преданного. То, что стояло на пути к цели этого великодушного, щедрого преданного, – это его чувство «я», его эго. Смирение и обретение милости *Махатм* [Великих Душ] – непременные условия искоренения эго.

Дети мои, какое сказание ни возьми, его основное послание – любовь. Любите друг друга! Любите с открытым сердцем! Любите друг друга без каких-либо ожиданий. Тогда не нужно будет никуда идти в поисках рая.

Духовная практика любви

В одном *ашраме* [духовном центре] жил духовный Учитель вместе со своими учениками. После того, как Учитель покинул тело, ученики некоторое время дружно жили вместе. Однако постепенно они стали всё меньше и меньше заниматься духовной практикой. Они перестали медитировать и повторять мантры. Росли взаимная неприязнь и зависть. Все стали стремиться к укреплению своего положения и повышению статуса. Изменилась сама атмосфера *ашрама*. Туда стало приезжать всё меньше людей. Воцарилась гнетущая тишина. Когда людьми овладевает жажда власти и престижа, они теряют рассудок и перестают соблюдать нравственные нормы поведения. Один из учеников, очень опечаленный состоянием *ашрама*, отправился к живущему неподалеку святому старцу и поведал ему о сложившемся положении. Он рассказал ему о том, что *ашрам*, куда раньше приезжали сотни человек в день и где всегда царила радостная атмосфера, стал подобен кладбищу.

Выслушав его, старец сказал: «Среди вас есть святой. Но он скрывает свое истинное лицо. Если вы будете следовать его наставлениям, то *ашрам* обретет еще бо́льшую духовную силу, чем раньше, и его слава широко распространится». Ученик спросил: «Кто это?»

Но святой уже погрузился в *самадхи*[4]. Ученик вернулся в *ашрам* и стал размышлять над услышанным. «Кто этот святой среди нас? – спросил он другого ученика. – Может быть, повар? Не похоже. Он не умеет даже нормально готовить! Из-за него я давно уже потерял вкус к *ашрамной* пище. Может быть, садовник? Нет, он очень невнимателен и импульсивен. А как насчет работника, который ухаживает за коровами? Вряд ли. У него ужасный характер». Так он «разобрал по косточкам» каждого обитателя *ашрама*. Второй ученик сказал: «Зачем критиковать их? Нельзя судить о святых по их поведению. Их деяния нацелены на то, чтобы принести нам пользу в будущем. Чтобы получить их благословение, мы должны проявлять по отношению к ним смирение. Поэтому нам не следует выискивать в них недостатки. Давай сделаем вот что. Будем проявлять смирение по отношению ко всем в *ашраме*. Постараемся любить других и не замечать их недостатков. Будем соблюдать духовную дисциплину, как раньше». Итак, оба ученика стали стараться любить всех, вести себя вежливо и смиренно. Когда это заметили другие, они стали вести себя так же. Все почувствовали себя счастливыми, и в *ашраме* вновь воцарилась праздничная атмосфера. Это место стало еще более благоприятным, чем раньше. И все обитатели ашрама стали достойны Самореализации.

Дети мои, любовь – основа всего. Сострадание к ближним – это то же самое, что отдача себя Богу.

Дети мои, Бог внутри нас, но пока эта внутренняя божественность пребывает лишь в зачаточной форме. Чтобы это семя проросло, необходима вода сострадания. Если поливать его жидкостью эгоизма, оно погибнет, в этом нет сомнений. Делать что-то для других, а не для себя – только это можно

---

[4] Внутреннее состояние совершенного единства с Всевышним, абсолютной Реальностью, в котором познающий, познание и объект познания едины.

назвать состраданием. Семя может развиваться только в воде, почерпнутой из этого источника.

Одной медитации недостаточно, дети мои. Необходимо также сострадание. Одежду можно постирать мылом, но чтобы вывести пятна, необходимо более сильное средство. Аналогично, наряду с медитацией, нам необходимо сострадание. В наших сердцах должны быть любовь и сочувствие, необходимые для помощи страждущим. Это истинное служение. Милость Божья проникнет только в сердце, наделенное состраданием.

Внутренняя духовная практика

Амма постоянно говорит, что медитация драгоценна, как золото. Медитация идеальна как для духовного роста, так и для материального развития. Валюта определенной страны принимается только в этой стране – в других странах она не в ходу. Даже в той стране, где обращается эта валюта, банкнота не будет иметь ценности, если на ней не будет серийного номера. Но с золотой монетой дело обстоит иначе. Даже если на ней нет гравировки, она всё равно будет представлять ценность в любой стране. Такова и медитация. Время, проведенное в медитации, не бывает потрачено впустую. Представьте, какой ценностью обладало бы золото, если бы оно имело еще и прекрасный аромат! Если мы будем заниматься медитацией, а также проявлять милосердие, это будет подобно золоту, имеющему аромат. Тогда исчезнут все препятствия с пути устремляющегося к нам потока милости Божьей.

Многие из приходящих сюда людей жалуются: «Этот человек навел на меня порчу! Он применил против меня черную магию!» – и так далее. Не верьте подобным утверждениям, дети мои! То, что мы испытываем сейчас, – это плоды наших прошлых действий. Бесполезно винить в этом кого-то другого.

Жизнь полна и радости, и печали. Чтобы уравновесить эти две противоположности и двигаться вперед, нам следует понять духовные принципы. Так называемая судьба – это плоды наших прошлых действий, а значит, наши действия очень важны. Вместо того, чтобы тратить деньги на магию и тому подобное, постарайтесь молиться с сосредоточением и заниматься благотворительностью, оказывая помощь тем, кто ее заслуживает. Такие добрые дела, несомненно, дадут желаемые результаты.

Явить силу мантр могут только те, кто совершали интенсивный *тапас* [аскезу]. Такие люди действительно могли бы навредить нам, используя определенные мантры. Существуют как благотворные, так и вредоносные мантры. Но кто в наши дни способен обрести такую силу посредством совершения *тапаса*? Так что не нужно опасаться подобных бед. На некоторых жизненных этапах, зависящих от времени рождения, нам приходится испытывать страдания. Когда очень жарко, мы не можем сосредоточиться ни на какой работе. Пьяный человек не контролирует свою речь, и его могут побить за то, что он наговорил. Подобно этому в жизни бывают трудные периоды, которые зависят от времени рождения. Мы приписываем эти периоды влиянию Марса, Сатурна, Раху и так далее. Финансовые потери, несчастные случаи, ссоры, болезни, страдания родных и друзей, всевозможные препятствия, обвинения в ошибках, которых мы не совершали – всё это может случаться на таких жизненных этапах. Подобные происшествия не являются следствием колдовства или черной магии. Вы могли бы использовать деньги, которые тратите на магию, чтобы погасить долги.

В тяжелые жизненные периоды мы не должны сидеть сложа руки. Мы должны стараться медитировать на Бога с сосредоточением. Мы должны каждый день неукоснительно совершать *сахасранама-арчану*[5] и постоянно повторять мантры. Благодаря этому мы сможем значительно ослабить страдания. Благодаря нашим усилиям можно устранить девяносто процентов испытываемых нами трудностей.

Дети мои, вам следует запомнить еще кое-что. Мы никогда не должны делать ничего, что может причинить другим боль, так как это чревато большими неприятностями. Мы можем обидеть человека, который не сделал ничего плохого. Когда он в отчаянии воскликнет: «Господи, я ничего об этом не знаю, а он говорит мне такое!» – его боль повлияет на нас на тонком уровне и впоследствии принесет нам вред. Вот почему говорится, что мы не должны причинять никому боли ни мыслью, ни словом, ни делом. Даже если мы не можем сделать других счастливыми, необходимо стараться не причинять никому страданий. Благодаря подобному отношению мы обретем милость Божью.

Когда где-то открываются вакансии, они анонсируются, и устраиваются тесты и собеседования для соискателей. Иногда работу получают те, кто не очень хорошо написал тест или не с лучшей стороны проявил себя во время собеседования. Если бы всё происходило согласно нашей воле, разве не получили бы работу те, кто дали лучшие ответы? Но так бывает не всегда. Ибо основой всего является воля Божья. Поэтому давайте предадим себя воле Божьей. Те, кто показали не лучшие результаты, получили работу, потому что человек, проводивший собеседование, почувствовал по отношению к ним сострадание, которого не испытывал к другим соискателям. Это сострадание возникло вследствие добрых дел, совершенных соискателем в прошлом. Это милость Божья. Если нам случится упустить какие-то возможности, мы не должны просто предаваться унынию – вместо этого следует совершать добрые дела, чтобы обрести

---

[5] Произнесение тысячи имен Божьих.

милость Божью. Нам необходимо сострадание окружающих, которое возникает благодаря милости Божьей, а чтобы обрести ее, мы должны совершать добрые поступки.

Мы сеем семена и добавляем удобрения, роем колодцы и качаем из них воду для полива в летнее время, регулярно выпалываем сорняки. Но когда приходит время сбора урожая, происходит наводнение, которое уничтожает все посевы. Мы часто наблюдаем подобные явления. Хотя мы прилагаем все усилия, они не приносят плодов из-за отсутствия милости Божьей.

Усилия и милость взаимосвязаны. Мы становимся достойны милости Божьей, лишь когда совершаем добрые поступки. Так что, дети мои, следите за тем, чтобы в вашем уме были только добрые мысли, потому что мысли определяют характер поступков. Давайте вознесем Богу молитву о том, чтобы у нас всегда возникали добрые мысли, и за ними следовали добрые дела.

Ом Нама Шивая[6]!

Бескорыстное служение – это недвойственная истина

Послание Аммы по случаю открытия хосписа «Амрита крипа сагар» для неизлечимо больных раком в Мумбаи в 1995 г.

Приветствую вас, воплощения Любви!

Видя, что здесь открывается больница, некоторые дети Аммы могут спросить: «Какое отношение имеет служение к жизни *санньясы* – жизни самоотречения?» Дети мои, истина в том, что сострадание к бедным – наш долг перед Богом.

Солнцу не нужен свет свечи. Солнце дает свет всему миру. Реке не нужно искать воду, чтобы напиться. Это нам нужна речная вода, чтобы утолить жажду. Аналогично, нам необходима милость Божья, если мы хотим наслаждаться в жизни миром и гармонией. Нам необходимо воспринять Божественную любовь и сострадание, а затем поделиться ими с другими. Только тогда наша жизнь наполнится светом.

Мы идем в храм и совершаем там обряды поклонения Богу, а на обратном пути гоним прочь нищего, стоящего у входа и громко повторяющего: «Я очень хочу есть!» Дети мои, людям, преданным Богу, не подобает так себя вести. Не забывайте, что сострадание по отношению к нуждающимся – наш долг перед Богом.

Один *санньясин* [монах] повсюду искал Бога. Он бродил по лесам, горам, посещал храмы и церкви, но нигде не мог увидеть Бога. В конце концов он забрел в какую-то глухую местность и совсем выбился из сил. Там был лес, и *санньясин* решил остаться в нем на несколько дней.

Живя в лесу, он каждый день видел, как мимо проходят муж с женой, и каждый из них несет сосуд. Больше он не видел в этой местности ни души. Ему стало любопытно, куда они ходят. Однажды он тайком последовал за ними и обнаружил, чем они занимаются. Эта супружеская пара посещала колонию прокаженных. Тела прокаженных были испещрены ранами – следами этой страшной болезни. Никто не ухаживал за ними, и они поддерживали существование только благодаря пище, время от времени получаемой в качестве подаяния. Некоторые из них корчились от боли. Муж с женой подошли к ним и ласково заговорили. Они с огромным состраданием очистили раны больных, дали им лекарства и из своих рук покормили принесенной пищей. Они рассказали несчастным много добрых историй и раздали им чистые отрезы ткани. Когда страдальцы увидели супружескую пару, их лица засветились. Посещая прокаженных, муж с женой с такой любовью ухаживали за ними, что те на время забывали о своих бедах.

Санньясин подошел к супругам и попросил их рассказать о себе. Они откладывали часть зарплаты и использовали сбереженные деньги, чтобы совершать это служение.

Санньясин впервые видел подобное проявление милосердия. Узнав о том, что делает супружеская пара, он воскликнул: «Сегодня я увидел Бога!» – и от радости пустился в пляс. Услышавшие его изумились: «Он что – сошел с ума? Он говорит, что увидел Бога! Где этот Бог? Или, может быть, его Бог – тот прокаженный?» Люди подошли к *санньясину* и спросили его: «Ты говоришь, что видел Бога. Кто Бог?» Тот ответил: «Бога можно найти там, где есть сострадание. Бог обитает в сострадательном сердце. Истинный Бог – это человек, обладающий таким сердцем».

Амме вспоминается еще одна история. Жила-была женщина, которая постоянно занималась служением нуждающимся. Однако ее стали одолевать сомнения, и она взмолилась: «Дорогой Господь, из-за всей этой работы у меня нет ни минуты, чтобы памятовать о Тебе и общаться с Тобой. Так смогу ли я приблизиться к Тебе?» От грусти ее глаза наполнились слезами. Внезапно она услышала голос Бога: «Дочь моя, хоть тебе и кажется, что ты далеко от меня, я всегда рядом с тобой!»

Дети мои, Бог всегда там, где совершается бескорыстное служение. Некоторые люди рассуждают об *адвайте* [недвойственности] и говорят: «Разве всё не является высшим "Я"? В таком случае кто и кого может любить?» Таким людям можно ответить, что *адвайта* проявляется не в словах. *Адвайта* – это жизнь. Видеть во всех свое истинное «Я» и любить всех как самого себя – вот истинная *адвайта*. Обладая таким мировосприятием, мы уже не отождествляем себя с индивидуальным «я» – мы видим, что мы и Вселенная едины и неделимы. Это недвойственность. Это настоящая жизнь.

Там, где совершаются бескорыстные поступки, находится рай. Вы можете спросить: «Разве не достаточно совершать бескорыстное служение? Действительно ли необходимы медитация и повторение мантры?» Если обычный человек подобен электрическому проводу, то *тапасви* [человек, совершающий аскезу] может обрести такую силу, что станет подобен мощной линии электропередач. Если мы будем совершать духовную практику, сосредоточивая ум на одной точке, вместо того чтобы думать о нереальных вещах, то наша сила значительно возрастет. Тогда нам не придется нигде искать энергию для того, чтобы заниматься бескорыстным служением.

Мы должны постараться воспитать ум таким образом, чтобы он стал подобен палочке благовоний, которая сгорает, отдавая свой аромат миру. Только в таком уме воссияет Бог. Только туда устремится поток милости Божьей. Духовную практику непременно следует сочетать с бескорыстным служением. Это подобно переливанию молока в чистый сосуд. Духовная практика без бескорыстного служения, напротив, подобна переливанию молока в грязный сосуд. Дети мои, не думайте, что мы можем сидеть сложа руки, рассчитывая, что о нас позаботятся другие.

Один человек увидел, что на обочине дороги лежит лиса со сломанной ногой. Ему стало жаль лису, и он подумал: «Кто принесет еды раненому животному? Почему Бог так жесток?» Некоторое время он продолжал размышлять о несправедливости Бога, а потом решил: «Ладно, посмотрим, принесет ли кто-нибудь еды бедному животному». Он отошел в сторону и сел. Некоторое время спустя появился леопард, который держал в зубах кусок мяса. Съев часть мяса, он положил остаток рядом с лисой. «Интересно, принесет ли леопард еду завтра?» – подумал человек. На следующий день он снова пришел на то же место и стал ждать. В тот день леопард опять принес лисе мясо. Это стало повторяться каждый день. Человек подумал: «Леопард приносит лисе еду. Больше я не буду ходить на работу, потому что кто-нибудь наверняка принесет еды и мне». Человек перешел в другое место и сел. Прошел целый день, а потом еще один. Никто ему так ничего и не принес. На третий день он очень ослаб. Когда он начал терять веру в Бога, он услышал голос: «Сын мой, не будь подобен лисе со сломанной ногой! Будь подобен леопарду, который приносит ей еду!»

Дети мои, мы часто думаем: «Пусть другие помогают миру» или «Пусть другие заботятся о нуждающихся». Но, дорогие мои дети, праздность – это преступление перед Богом. Бог дал нам здоровье, чтобы мы могли служить другим, памятуя о Нем. Мы должны воспитать свой ум таким образом, чтобы быть готовыми помогать тем, кому плохо. Мы должны быть всегда готовы выполнять то служение, которое необходимо в зависимости от ситуации. Мои дорогие дети, это самый простой способ узреть Бога. Бог всегда внутри нас. Нам не нужно нигде скитаться в поисках Бога. Но воля Божья сможет осуществляться через нас лишь тогда, когда в нас пробудится проницательность. Лишь тогда мы сможем хотя бы немного ощутить Божественное присутствие.

Дети мои, до сих пор мы поклонялись незримому Богу. Но теперь Бог появился прямо перед нами! Множество людей вокруг испытывают нужду и страдания. Они – настоящий Бог! Любовь к ним и служение им – это любовь к Богу и служение Богу!

Преобладающее чувство, которое испытывают люди, попадающие в этот хоспис, – это страх смерти. Сюда попадают больные, которым не помогло никакое лечение и которые потеряли всякую надежду в жизни. Их души дрожат от боли и страха смерти. Чтобы облегчить их страдания, мы должны объяснить им самую главную в жизни истину. Они должны понять, что электрический ток не прерывается, когда перегорает лампочка. Тогда они смогут покинуть этот мир с улыбкой на губах и миром в сердце. Сегодня нам дается возможность совершать это служение. Давайте вознесем молитву Всемогущему о том, чтобы все обрели мир.

Центральный вход в больницу AIMS в Кочине, штат Керала

Протянуть руку помощи тем, кто потерпел неудачу

Послание Аммы по случаю открытия Института медицинских наук «Амрита» (AIMS) в г. Кочине, Керала, в мае 1998 г.

Приветствую вас, воплощения Любви и высшего «Я»! Амма не умеет произносить речи или давать наставления в каком-то особом стиле. Всё же она попытается что-то сказать. Если она сделает какие-то ошибки, пожалуйста, простите ее.

Дети мои, жизнь предназначена не только для удачливых людей, но и для тех, кому не везет. Многие люди думают и говорят только о своих достижениях. Однако, если мы хотим, чтобы успех сопутствовал нам долго, то должны уделять внимание и своим неудачам, осмысляя их.

Человек, добившийся успеха в каком-то начинании, обычно полагает, что это произошло исключительно благодаря его личным усилиям, и пытается убедить в этом других. Когда же человек терпит неудачу, в этом всегда оказывается виноват кто-то другой. Люди обычно говорят: «Они не сделали того, что я советовал. Если бы они меня послушали, то мы точно добились бы успеха!» Люди говорят так из-за неправильного отношения к неудачам.

Когда вы говорите, что кто-то потерпел неудачу, это значит, что он предпринял попытку что-то сделать и отважился пойти на риск. Потерпеть неудачу могут только те, кто пытаются чего-то достичь. Каждое значительное начинание предполагает преодоление трудностей, будь то восхождение на гору, первые шаги ребенка, лов рыбы в океане, подготовка к экзамену или обучение вождению автомобиля. Для всего необходим дух приключений. Что бы мы ни делали, успех и неудача следуют за нами подобно тени. Иногда нам сопутствует успех, а иногда мы терпим неудачу. Неудач не следует бояться. Страх неудачи помешает нам добиться успеха в будущем, не позволит достичь желаемого. Поэтому следует ободрять тех, кто потерпел неудачу. Их следует вдохновлять на продолжение попыток достичь цели, учить их не бояться. В спорте игрокам дают утешительные призы, даже если они проигрывают. Их подбадривают. Людей всегда необходимо ободрять.

Нам следует понять, что жизнь предназначена не только для победителей, но и для проигравших, и мы должны желать дать шанс тем, кто потерпел неудачу. Нам следует прощать их ошибки. Терпение и умение прощать подобны смазке для двигателя. Эти качества помогают нам двигаться вперед. Списывать со счетов тех, кто потерпел неудачу всего один раз, значит причинять им величайший вред. Вот почему говорится, что призы на соревнованиях должны получать не только победители, но и проигравшие. Проигравших нельзя высмеивать – их необходимо ободрять. Ободрение крайне необходимо для того, чтобы сохранять энтузиазм.

Сегодня место в жизни находится только для победителей. Тех, кто терпит неудачу, обычно высмеивают. Амма полагает, что если мы желаем в жизни только успеха, это само по себе является величайшей неудачей.

Жизнь – для тех, кто обладает духом приключений, а не для пораженцев. Духовность учит этому принципу. Мы сможем научить новое поколение пониманию этого принципа, только если сами будем жить в соответствии с ним. Прощать – значит двигаться вперед. Это способствует росту и тех, кто прощает, и тех, кто получает прощение.

Дети мои, вы можете спросить: «Не позволим ли мы вытирать о себя ноги? Не потеряем ли мы способность к различению, если будем всё время прощать?» Напротив. Прощение позволяет обеим сторонам двигаться вперед.

Умонастроение, дающее способность служить по-настоящему бескорыстно, может сформироваться только у тех, кто усвоил этот принцип. По-настоящему бескорыстное служение совершается в духе самоотдачи. Это похоже на круг: у него нет ни начала, ни конца, потому что это любовь только ради любви. Тот, кто обладает таким умонастроением, не имеет ожиданий. В этом состоянии мы видим всех, кто работают рука об руку с нами, как дар, посланный Богом. Такого состояния можно достичь, только если есть любовь, и только тогда мы сможем простить других и забыть их ошибки.

Мы знаем, каким был наш великий предок Шри Рама. Он был изгнан в лес на четырнадцать лет из-за своей мачехи, Кайкейи. Несмотря на это, перед тем как отправиться в путь, он простерся перед ней и попросил ее благословения. Господь Кришна даровал освобождение охотнику, чья стрела стала причиной того, что он оставил тело. Господь простил человеку его неведение. Умонастроение Иисуса Христа было таким же. Зная, что Иуда предаст его, он без колебаний омыл ноги Иуде и поцеловал его.

Это пример, явленный нашими предками. Если мы будем следовать их примеру, то, несомненно, сможем испытать в жизни покой.

Путь к прогрессу нации

Многие люди спрашивают: «Как я могу посвятить себя служению миру и способствовать прогрессу нашей нации?» Наша страна будет расти и развиваться, только если мы сможем воспитать сильных, энергичных и преданных делу граждан. На самом деле именно эту цель и преследовал Кришна. Он дал великому воину-лучнику Арджуне силу, стойкость и умение бороться с неправедностью, ложью и лицемерием. Он изменил само отношение Арджуны к жизни. Будучи готовым следовать наставлениям Господа, Арджуна не винил обстоятельства и не пытался от них убежать. Вместо этого он неутомимо боролся и двигался вперед.

Господь Будда тоже достиг этой цели. Он воспитал многих будд. То же сделал и Христос. Эти великие души воспитывали благодетелей мира, живя на земле, и продолжают воспитывать их, даже покинув этот мир.

Величайший дар, который мы можем преподнести нации, – это воспитание подобного нового поколения. Будет ли нация развиваться или придет в упадок – зависит от силы грядущего поколения.

Нам следует на протяжении всей жизни сохранять такое отношение ко всему, как у начинающего. Наши тела выросли, а ум не развился. Чтобы ум развился и стал беспредельным, как Вселенная, нам следует сохранять мировосприятие ребенка. Только ребенок может развиваться, благодаря своей невинности. Именно невинность, отсутствие эго мы и должны взращивать. Лишь тогда мы сможем воспринять милость Божью.

Основой всего является вселенская Сила, которая жонглирует нами и иногда высоко поднимает. Тогда мы приобретаем имя и славу. Но если эта вселенская Сила не будет нас поддерживать, мы упадем и разобьемся. Нам следует всегда осознавать это. В этой связи Амме вспоминается следующая история.

У дороги лежала куча камней. Проходивший мимо ребенок взял один камень и подбросил его вверх. Поднимаясь, камень возгордился: «Смотрите! Все остальные камни лежат на земле. Я единственный, кто парит высоко в небе, вместе с солнцем и луной!» Камень стал насмехаться над булыжниками, лежащими на земле: «Почему вы по-прежнему там лежите? Поднимайтесь вверх!» Другие камни утешали себя: «Что мы можем поделать? Еще мгновение назад он лежал здесь вместе с нами. А теперь поглядите, как он высоко вознесся! Что ж, для всего нужна удача!» Но высоко воспаривший камень не мог долго бахвалиться. Когда сила броска иссякла, он начал падать вниз. Упав на землю, он сказал другим камням: «Видите ли, я стал по вам скучать. Поэтому я не остался наверху надолго и вернулся!» Склонность всегда находить оправдание для всего, даже для падения, никогда не признавать ошибок – вот что мы наблюдаем в сегодняшнем мире.

Мы обладаем мудростью, но редко проявляем ее на практике. Как-то раз один врач пришел к пациенту домой. Ему предложили выпить кока-колы или свежей кокосовой воды. Он отказался от кокосовой воды и предпочел кока-колу. Он знал, что кокосовая вода лучше всего утоляет жажду, а кока-кола вредна для здоровья. Но поскольку кока-кола стала модной, он пренебрег кокосовой водой. Мы похожи на этого врача. Хоть мы и обладаем знанием, оно редко отражается в наших действиях. Мы должны претворить знание в жизнь, ведь только тогда оно принесет пользу.

Сегодня каждый умеет только брать. Большинство не желает отдавать. Один человек упал в яму. «Спасите! Помогите!» – закричал он. Услышавший его прохожий поспешил к нему на помощь. Он сказал человеку, упавшему в яму: «Дайте мне руку!» – но тот не захотел давать ему руку. Тогда спасатель сам протянул ему руку со словами: «Беритесь за мою руку!» Потерпевший тут же ухватился за него. Таково большинство из нас. Мы хотим только брать и очень неохотно что-либо отдаем. Если подобное отношение сохранится, это приведет к упадку нашей страны. Быть может, нам и не удастся воодушевить других только отдавать, вместо того чтобы брать, но мы можем, по крайней мере, попытаться воодушевить их отдать что-то. Это путь к поддержанию гармонии в нашей стране и в мире в целом. Дети мои, вам следует понять это и постараться жить в соответствии с этим принципом. Лишь тогда наша страна сможет достичь прогресса.

Повсюду Его руки и ноги

Бог – не существо, восседающее на троне где-то на небесах. Бог находится за пределами интеллекта. Бог – это *опытное переживание*. Мы не можем увидеть Бога глазами, но если мы обратим взор внутрь, то сможем Его воспринять. Божественное присутствие можно ощутить в поющей кукушке, каркающей вороне, бушующем океане, ревущем льве. То же высшее Сознание стоит за ходящими ногами, работающими руками, говорящим языком, видящими глазами, бьющимся сердцем. Высшее Сознание наполняет всё повсюду. В этой связи Амме вспоминается следующая история.

В одной деревне стояла статуя святого. Руки статуи были вытянуты вперед, а у подножия было написано: «Придите ко мне в объятия». Много лет спустя статуя лишилась обеих рук. Сельчане стали переживать по этому поводу. Но слова: «Придите ко мне в объятия» – были по-прежнему четко видны. Некоторые из сельчан предложили: «Давайте изваяем новую статую». Другие не согласились с ними и сказали: «Нет, давайте восстановим старую статую и приделаем ей новые руки». Один старец сказал: «Не нужно спорить. Нет необходимости ни приделывать новые руки, ни ваять новую статую». Другие спросили: «Но что в таком случае будут означать слова, написанные на подножии: "Придите ко мне в объятия"?» Старец ответил: «Всё очень просто. Допишите внизу еще несколько слов: "У меня нет рук, кроме ваших. Мои руки действуют через ваши"».

Так и у Бога нет своих собственных рук и ног. Бог действует через нас. Поэтому мы должны привнести Бога в наши руки и ноги. И мы должны привнести Бога в наше сердце и язык. Мы должны сами стать Богом.

В жизни обычно происходит два процесса: мы совершаем действия и вкушаем плоды этих действий. Хорошие действия приносят позитивные результаты, а плохие действия – негативные. Пусть эти слова вас не пугают, дети мои. Если мы сделаем один шаг по направлению к Богу, Он сделает десять шагов по направлению к нам.

На экзаменах в сельских школах ученикам часто завышают оценки, чтобы помочь экзаменуемым успешно выдержать испытание. Те, кто дали правильный ответ по крайней мере на некоторые вопросы, могут благодаря этому набрать проходной балл. Аналогично, мы всегда должны прилагать по крайней мере какие-то усилия. Если усилия предприняты, они обязательно увенчаются успехом, потому что к нам устремится милость Божья. Успех в гораздо большей степени зависит от милости Божьей, чем от наших усилий. Милость Божья – это то, что добавляет сладости нашим усилиям.

Предпринимая усилия, мы должны также стараться искоренить наше эго. Лишь тогда мы сможем обрести милость Божью. Даже если Бог ниспошлет нам милость, мы не сможем извлечь из этого пользы, если в нас останется чувство «я». Люди пытаются устроиться на работу, и те, кто прошли письменное испытание, приглашаются на собеседование. Многие соискатели, удовлетворяющие критериям роста и веса, приходят на собеседование с дипломами и прекрасными характеристиками. Но тех, кто безупречно ответил на все вопросы, не всегда принимают на работу. Причина заключается в том, что некоторые из них не снискали милости, необходимой, чтобы смягчить сердце работодателя. Эта милость обретается в результате совершения добрых дел. Многие пытаются получить желаемое легким путем, не стараясь заслужить милость.

Говорят, что десять миллионов земных рупий равняются одной небесной пайсе [одна сотая часть рупии]. А одна секунда небесного времени равняется десяти миллионам земных лет. Один человек взмолился Богу: «Господи, разве Ты не воплощение сострадания? Мне не нужно много. Просто соизволь дать мне одну пайсу из Твоего мира!» Бог ответил: «Конечно, я с удовольствием дам тебе одну пайсу. Только подожди одну секунду!»

Вот что случается, когда мы пытаемся обмануть Бога. Но Бог не глупец! Бог – великий Разум, который является источником всего разумного во Вселенной. Нам следует помнить об этом. Простой путь к достижению успеха в жизни – стать достойными милости Божьей, совершая добрые дела.

Что бы мы ни делали, мы должны прислушиваться к голосу совести. Если мы сделаем что-то против совести, проигнорировав ее голос, это приведет к внутренним противоречиям. Это приведет нас к гибели.

Смирение и сострадание

Амма всегда говорит, что медитация драгоценна, как золото. Медитация приносит материальное благосостояние, покой и освобождение. Даже мгновение, проведенное в медитации, не бывает потрачено впустую – оно представляет огромную ценность. Если мы не только совершаем медитацию, но и обладаем состраданием, это подобно золоту, имеющему аромат! Улыбка, доброе слово, сострадательный взгляд – всё это поистине медитация. Даже сказанное невзначай слово обладает большим значением! Поэтому следует быть очень внимательными, произнося каждое слово. Мы должны стараться, чтобы ни одно произнесенное нами слово не причинило никому боли, потому что всё, что мы отдаем, возвращается к нам. Если мы будем причинять другим страдания, нам будут даваться страдания. Если мы будем отдавать любовь, нам будут дарованы радость и любовь.

Однажды группа путешественников заблудилась и оказалась в незнакомом месте. Мимо проходил человек, и путники решили узнать у него дорогу. Они резко окликнули его: «Эй, ты! Как нам добраться до места?» Услышав их высокомерный тон, прохожий решил заставить этих дерзких малых побегать и направил их по окружному пути.

Если бы они не проявили высокомерия и задали вопрос вежливо, прохожий постарался бы им помочь. Он отвел бы их к кому-то, знающему дорогу, даже если бы сам ее не знал. Отклик, который мы получаем от других людей, зависит от нашего к ним отношения и используемых нами слов. Если мы будем говорить с любовью и смирением, то получим соответствующий ответ. Вот почему говорится, что каждое слово, которое мы используем, следует подбирать очень тщательно.

В поселок приходит человек, который ищет работу. «Я безработный, и у меня нет денег. Пожалуйста, дайте мне какую-нибудь работу!» – просит он. Но люди гонят его прочь. Бедняга идет в другой поселок. Но сельчане кричат на него и велят ему убираться вон. Если такое повторится десять раз, у него, возможно, пропадет желание жить. Он захочет покончить с собой. Но если кто-то ласково скажет ему: «Наберитесь терпения. Если у меня появится работа, я Вас обязательно приглашу», – это может спасти ему жизнь. Так что мы должны следить за тем, чтобы каждая наша мысль и каждое наше слово были наполнены любовью и состраданием. Милость Божья сама собой устремляется к таким людям. «Господи! Да не причиню я вреда никому ни мыслью, ни взглядом, ни словом!» Такая искренняя молитва – признак истинной преданности Богу. Это истинное знание, наш подлинный долг перед Богом.

Солнцу не нужен свет свечи. Богу ничего не нужно от нас. Сострадательное сердце – вот всё, чего Бог ожидает от нас. Мы должны идти к тем, кто страдает, и нести им мир. Вот чего хочет Бог. Наша любовь и доброта к тем, кто страдает, – вот что делает нас достойными милости Всевышнего.

Амма больше не хочет беспокоить вас разговорами. Амма не может сказать, что все учреждения этого *ашрама* появились благодаря способностям Аммы. Мы можем вести всю нашу деятельность благодаря усилиям преданных, таких детей, как вы. Тысячи детей Аммы трудятся по восемнадцать часов в день, не получая зарплаты. Даже для строительства этой больницы мы не нанимали стороннего подрядчика. Дети Аммы работали в меру своих способностей. Вначале были допущены некоторые ошибки, но из-за этого никто не был отстранен от работы. Благодаря такому ободрению и милости Божьей они смогли исправить ошибки и прекрасно завершили начинание. Давайте дадим тем, кто потерпел неудачу, еще один шанс и поможем им вырасти, вместо того чтобы отвергать их. Протянув руку тем, кому не повезло, мы можем помочь им стать победителями.

Шива… Шива… Шива.

Сделайте каждый день праздником Онам

Послание Аммы по случаю праздника Онам, 1998 г., Амритапури

Сегодня Онам, день праздничных торжеств, воодушевления, энтузиазма и радости. Это день, когда даже самые несчастные люди стараются забыть о своих страданиях. Говорят, чтобы по-настоящему помнить, нужно забыть. Если врач будет вспоминать о своих жене и детях, выполняя хирургическую операцию, она окажется неудачной. Чтобы операция прошла успешно, врач должен полностью сосредоточиться на своей работе. Если же, когда он придет домой и его дети подбегут к нему с криками: «Папа! Папа!», – ожидая, что он приласкает их, он будет продолжать думать о пациентах, то не сможет быть хорошим отцом. А если он не будет слушать жену, когда она начнет рассказывать ему о своих проблемах, то не сможет быть хорошим мужем. Врач забывает о доме, будучи в больнице, и забывает о больнице, будучи дома. Именно благодаря способности забывать он достигает успеха в профессиональной деятельности и счастья в личной жизни.

Достаточно ли радоваться только в священный день Онама? Разве жизнь не должна быть радостной каждый день? Возможно ли быть счастливыми только один день в году и несчастными все остальные дни? Разве счастье может длиться всего один день? Если это так, действительно ли мы счастливы даже в этот один день? Задумайтесь об этом, дети мои!

Радостью должен быть наполнен не один день, а все триста шестьдесят пять дней в году. Вся наша жизнь должна стать праздником! Духовность учит нас, как этого достичь.

Чтобы произошла самоотдача, необходимо полностью принять прибежище во Всевышнем. Это то, что нам показал Махабали. Он был *асурой*, но смог совершить самоотдачу – отдать свое чувство «я» Всевышнему. Бог не просит у нас ничего, кроме этого.

Бог – воплощение сострадания – смиренно стоит, протянув нам руки, чтобы принять наше эго. Эго – подношение, которое больше всего нравится Богу, и это именно то, что мы должны Ему отдать. Махабали так и поступил. Если мы не готовы сами отдать эго, то Бог каким-нибудь образом извлечет его из нас! Бог знает, что только избавившись от эго, мы сможем испытать истинное счастье. Отдача себя Всевышнему очищает ум. Благодаря этому мы можем превратить жизнь в праздник.

Говорят, что можно быть счастливым, только если чем-то жертвуешь. В жизни нам часто приходится идти на небольшие жертвы. Болельщики крикета готовы терпеть проливной дождь и палящий зной, чтобы увидеть матч. Когда болеет ребенок, родители не спят всю ночь, ухаживая за ним, даже если они весь день работали и очень устали. Это маленькие жертвы, которые мы совершаем. Но для того чтобы обрести высшую радость, длящуюся вечно, необходимо совершить великую жертву – принести в жертву эго.

Мы обретем счастье только через самопожертвование. Принеся небольшую жертву, мы ощущаем радость, которая длится недолго, – она не вечна. Наверное, многие из вас слышали детскую сказку про ком глины и сухой лист, которые играли в прятки. Это сказка для маленьких детей, но она обладает глубоким смыслом. Когда ком глины и лист играли, поднялся ветер. Ком забеспокоился: «Ой-ой-ой! Лист может унести!» Ком сел на лист и спас его. Некоторое время спустя начался дождь. Лист лег на ком глины и укрыл его от дождя, благодаря чему ком спасся. Но потом налетели ветер и дождь одновременно, и вы знаете, чем это закончилось. Лист унесло ветром, а ком растаял в воде. Такова наша жизнь. Когда мы зависим от других, нам дается небольшая мера счастья, но если мы столкнемся с серьезной опасностью, некому будет нас спасти. Тогда наша единственная надежда – принять прибежище во Всевышнем. Подобная самоотдача – наша единственная защита. Это единственный путь к тому, чтобы быть счастливыми в жизни.

Живите в настоящем

Дети мои, мы можем нести большое бремя страданий: у сына нет работы, дочь не замужем, мы не построили дом, о котором мечтали, не можем излечиться от болезни, в семье раздор, бизнес несет убытки и т.д. Мы горим подобно рисовой шелухе, думая обо всех этих проблемах[7]. Ум пребывает в напряжении, и это напряжение – причина всех болезней. Единственный способ избавиться от напряжения – совершить самоотдачу. В чем смысл всего этого напряжения и страданий? Нам следует совершать действия наилучшим образом в меру наших способностей, используя силу, которую нам дал Бог, а затем позволить ситуации развернуться согласно воле Божьей. Предоставьте всё Всевышнему. Полностью принять прибежище в Боге – единственный путь. Бессмысленно гореть, думая о том, что прошло, и о том, что еще не случилось. Вам принадлежит лишь настоящий момент. Постарайтесь не упустить этот момент, горюя из-за своих бед.

«Завтра» никогда не настанет. Нам принадлежит только *этот момент*, и именно его необходимо ощутить. Мы не знаем даже, сможем ли мы сделать еще один вдох. Дорогие мои дети, мы должны стараться жить в настоящем.

Это не значит, что мы не должны планировать будущее. Прежде, чем построить дом, необходимо подготовить его проект. Во время разработки проекта всё наше внимание

---

7   Рисовая шелуха горит длительное время.

должно быть уделено проекту, а во время строительства дома мы должны сосредоточить внимание на строительстве. Вот что имеет в виду Амма.

Прежде, чем построить мост, необходимо разработать его проект. В этот период мы сосредоточиваем внимание не на строительстве, а на проектировании. А потом, когда мы начнем строить мост, всё наше внимание должно быть уделено этому процессу. Готовиться к будущему – это, несомненно, хорошо, но какой смысл чрезмерно беспокоиться по поводу того, что предстоит? Важно с пользой и счастливо проводить настоящий момент. Амма говорит о том, как это сделать. Мы должны проживать этот настоящий момент, который нам дается, так, чтобы он приносил как можно больше радости миру и нам.

Чтобы ощутить радость в этот момент, мы должны забыть о прошлом и о том, что предстоит в будущем. Это возможно, если мы совершим полную самоотдачу Всевышнему. Тогда жизнь станет праздником. Будет Онам триста шестьдесят пять дней в году!

Так что, дети мои, давайте посвятим себя Всевышнему и сделаем жизнь праздником.

Развитие ума

Дети мои, хоть мы и гордимся тем, что мы люди, мы имеем лишь внешнюю форму человека. Внутри мы по-прежнему обезьяны! Наш ум по-прежнему подобен уму обезьян! Когда человеческий плод находится в утробе, он сначала имеет форму рыбки, потом обезьяны – и, родившись человеком, мы не хотим расставаться с нашей обезьяньей природой.

Обезьяна прыгает с ветки на ветку. Но «человеческая обезьяна» значительно ее превосходит, так как может разом допрыгнуть до Луны. Еще один скачок – и она оказывается в Америке, а потом в России. Она делает скачок в далекое прошлое, а в следующий момент прыгает в будущее. Вот как ведет себя «обезьяна» человеческого ума! Преобразить такой ум – задача не из легких. Сила нашей *самскары* очень велика.

По дороге шли трое. Их звали Раму, Даму и Кому. Кто-то сзади окликнул: «Эй, Раму!» – и Раму обернулся. Через некоторое время кто-то другой окликнул: «Даму!» На этот раз обернулся Даму. Пройдя еще некоторое расстояние, они услышали: «Эй, Кому!» – и обернулся Кому. Все трое продолжили путь, как вдруг кто-то крикнул: «Эй вы, обезьяны!» Говорят, что обернулись все трое!

Это врожденная склонность. У человека «обезьяний» ум – ум, который постоянно мечется в разных направлениях, и его очень трудно изменить. Чтобы обуздать такой ум, его необходимо «согнуть в кольцо», – то есть разбредающиеся мысли следует привести в порядок и взять под контроль, а качества, которые для этого необходимы, – смирение и самоотдача. Если мы овладеем этими качествами, то наши мысли не будут блуждать. Если змея закусит хвост, то она не сможет ползти вперед. Аналогично, если мы сможем «согнуть» ум, подчинив его своей воле, нежелательные мысли исчезнут, и мы будем властвовать над своим умом.

Махабали смиренно склонил голову перед Всевышним. Он смог отдать себя Богу. В результате его ум стал беспредельным, как Вселенная, и его наполнили любовь и сострадание. Он вышел из демонического состояния и достиг состояния Божественного.

Мы тоже можем перерасти «обезьяний» ум и достичь уровня Бога. Всё, что нам необходимо сделать, – это отдать себя Богу. Мы должны желать склонить голову перед Богом. Мы должны вырабатывать смирение. Амма часто говорит, что наши тела развились, а ум – нет. Таково наше нынешнее состояние. Чтобы наш ум стал беспредельным, как Вселенная, мы должны уподобиться детям, потому что только ребенок может расти.

Когда мы подсоединяем трубку к баку, вода из бака вытекает и приносит пользу миру. Так и мы должны соединиться со Всевышним. Тогда через нас потечет беспредельная сила Божья. Соединиться со Всевышним – значит избавиться от чувства «я» и вверить всё Богу. Ощущая, что мы ничто, мы поистине становимся всем. Таково значение высказывания: «Став нулем, ты становишься героем».

Человек, преданный Богу, должен обладать следующими качествами: быть смиренным в отношениях с другими людьми; ощущать благоговение по отношению ко всем живым существам; обладать состраданием и всегда иметь такое отношение ко всему, как у начинающего. Это культура, которую мы унаследовали от древних *Риши*. Если нам удастся развить эти качества и жить соответственно, мы сможем достичь высшей цели жизни.

Глоссарий

Аватар (нисхождение) – воплощение Всевышнего. Цель воплощения Бога – защищать добро, искоренять зло, восстанавливать нравственность в мире, вести человечество к духовной цели Самореализации. Очень редко воплощение является полным нисхождением (*Пурнаватар*).

Адвайта (недвойственность) – философия, согласно которой Творец и творение едины и неделимы.

Арчана – одна из форм поклонения Богу; состоит в произнесении имен Божьих (обычно за один раз произносится 108, 300 или 1000 имен).

Арджуна – третий по старшинству из пяти братьев Пандавов; великий лучник; один из героев «Махабхараты»; друг и ученик Кришны. Именно к Арджуне обращается Кришна в «Бхагавадгите».

Асура – демон; человек, обладающий демоническим качествами.

Атман – высшее «Я», Дух, Сознание; наша внутренняя суть, которая чиста и вечна.

Ашрам – место, где живут или куда приезжают искатели истины, чтобы совершать духовную практику. Обычно это обитель духовного учителя, святого или аскета, который наставляет искателей.

Брахман – абсолютная Реальность; Целое; Всевышний; «То», что охватывает и пронизывает всё, что едино и неделимо.

Брахмачарин (брахмачарини) – ученик (ученица); человек, соблюдающий обет безбрачия и совершающий духовную практику, обычно под руководством Гуру.

Бхава – Божественное настроение или состояние.

«Бхагавадгита» (Песнь Господа) – наставления Кришны Арджуне на поле битвы Курукшетре в начале войны, описанной в «Махабхарате». Это универсальное практическое пособие для каждого дня нашей жизни. Содержит суть ведической мудрости. Часто именуется сокращенно: Гита.

«Бхагаватам» – один из восемнадцати священных текстов, известных как Пураны; повествует в основном о воплощениях Вишну и подробно излагает историю жизни Шри Кришны. Особое внимание уделяется пути преданности Богу. Эта Пурана также известна под названием «Шримад-Бхагаватам».

Бхакти – преданность Богу.

Бхима – второй по старшинству из пяти братьев Пандавов, героев «Махабхараты».

Ванапрастха – отшельническая стадия жизни. В соответствии с древнеиндийской традицией выделяются четыре стадии жизни. Сначала мальчика или девочку отправляют в *гурукулу*, где он (она) живет жизнью *брахмачарина (брахмачарини)*. Потом он (она) вступает в брак и ведет семейную жизнь, проникнутую духовностью *(грихастхашрами)*. *Ванапрастха* – это третья стадия жизни. Когда дети становятся достаточно взрослыми, чтобы самостоятельно заботиться о себе, родители удаляются в уединенную обитель или *ашрам*, где ведут духовный образ жизни, совершая духовную практику. На четвертой стадии жизни они полностью отрекаются от мира и становятся *санньясинами*.

Веданги – примыкающие к Ведам руководства по различным отраслям знания.

Веданта (завершение Вед) – философия заключительной части Вед, Упанишад, согласно которой высшая Истина «едина и неделима».

Ведантист – человек, следующий путем Веданты.

Веды (знание, мудрость) – древние Священные Писания индуизма. Комплекс священных текстов на санскрите, который подразделяется на четыре части: Риг, Яджур, Сама и Атхарва. Веды относятся к числу древнейших Писаний мира; они включают 100 000 стихов, а также дополнительные прозаические тексты. Их подарили миру *Риши,* просветленные мудрецы. Веды считаются непосредственным откровением высшей Истины.

Вивека (различение) – способность к различению между реальным и нереальным, вечным и преходящим, *дхармой* (нравственностью) и *адхармой* (безнравственностью) и т.д.

Гопи – пасту́шки и молочницы, жившие во Вриндаване. Ближайшие преданные Кришны, они были известны высшей преданностью Господу. Они являют пример самой сильной любви к Богу.

Грихастхашрами – человек, следующий по духовному пути, ведя жизнь домохозяина.

Гурукула – *ашрам*, где ученики живут и обучаются под руководством Гуру. В Древней Индии – центры, где дети получали всестороннее образование, основанное на Ведах.

Даршан – лицезрение божества или святого.

Дханвантари – бог медицины, упоминается в Ведах и Пуранах как врачеватель божественных существ (*дэв*).

Дхарма (от корня «дхри» – поддерживать). Часто переводится как «нравственность». Слово «дхарма» имеет много взаимосвязанных значений: то, что поддерживает Вселенную; законы Истины; универсальные законы; законы природы; закон существования в соответствии с Божественной гармонией; праведность; религия; долг; обязанность; правильное поведение; справедливость; добро и истина. *Дхарма* означает: внутренние принципы религии; истинная природа; правильное функционирование и действия существа или объекта. Например, *дхарма* огня – гореть. *Дхарма* человека – жить в гармонии с универсальными духовными принципами и развивать сознание.

Итихаса (так именно было) – эпические произведения, в особенности «Рамаяна» и «Махабхарата». Этот термин также иногда употребляется для обозначения Пуран, особенно «Сканда-Пураны» и «Шримад-Бхагаватам».

Ишта-дэвата (любимое божество) – то проявление Божественного, которое человек избрал для поклонения, исходя из своих природных склонностей; объект его величайшего устремления и высшая цель.

Кали-юга (век тьмы). Мир проходит через четыре циклично сменяющие друг друга эпохи, или периода времени (см. *юга*). Сейчас мы живем в *кали-югу*. В *кали-югу* наблюдается духовный упадок человечества, преобладает неправедность. Эта эпоха называется темным веком главным образом потому, что люди в максимальной степени отдалились от Бога.

Кришна (тот, кто притягивает к себе; темный). «Темный» в этом контексте указывает на его беспредельность и на то, что его невозможно познать и понять нашим ограниченным умом. Кришна родился в царской семье, но его вырастили приемные родители. В юном возрасте он был пастухом и жил во Вриндаване, где его преданными товарищами были *гопи* (молочницы и пасту́шки) и *гопы* (пастухи), которые любили и почитали его. Впоследствии Кришна стал правителем Двараки. Он был другом и наставником своих двоюродных братьев Пандавов. Именно одному из них – Арджуне – Кришна поведал свое учение в «Бхагавадгите».

Кучела – друг детства Кришны. Став взрослым, Кучела испытал большую нужду. Его жена и дети голодали. Однажды жена сказала Кучеле: «Разве Господь Кришна не был твоим школьным товарищем? Пойди к нему и попроси его о помощи». Кучела согласился. Но как он мог прийти на встречу со старинным другом с пустыми руками? В доме ничего не было, кроме горстки рисовых хлопьев. Кучела отправился в Матхуру с рисовыми хлопьями в качестве единственного подарка. По пути он размышлял о том, как его примет Кришна. Кришна был прославленным правителем и жил во дворце, тогда как он, Кучела, жил в страшной бедности. Но как только Кришна увидел Кучелу, он кинулся к нему навстречу и обнял его. Он пригласил Кучелу во дворец и очень радушно принял его. Кучела не решался преподнести Кришне горстку рисовых хлопьев. Но Кришна сам взял их, поел и, похвалив их вкус, предложил другим. Кучела провел во дворце четыре счастливых дня. Он совершенно забыл попросить Кришну помочь ему материально. Но вернувшись домой, он обнаружил, что Кришна прислал ему золота, дорогой одежды, денег, а также распорядился построить для него роскошный особняк.

Махабали – почитается в праздник Онам. Махабали был могущественным царем-асурой, который нанес поражение *дэвам* в битве и подчинил своей власти всё небесное царство. Адити, мать всех *дэвов*, обеспокоенная судьбой своего потомства, взмолилась Господу Вишну, чтобы он спас их. Господь Вишну родился как ее сын в образе Божественного карлика Ваманы. Вамана в облике *брахмачарина* явился к Махабали, который приветствовал его и пообещал подарить ему всё, что он пожелает. Вамана попросил столько земли, сколько он сможет отмерить тремя шагами. Махабали решил, что это очень незначительная просьба, и согласился, несмотря на предупреждение его Гуру о том, что молодой *брахмачарин* – никто иной, как Сам Господь в ином обличии. Начав мерить землю, Вамана вырос до огромных размеров и охватил весь мир всего двумя шагами. Поскольку для третьего шага не осталось места, Махабали с радостью отдал Господу самого себя и склонил голову, чтобы Господь мог поставить на нее ногу. В популярной версии этой притчи Господь Своей ногой столкнул Махабали в преисподнюю. Но Амма говорит, что это неправильное толкование данной истории, и в «Шримад-Бхагаватам» она описывается иначе. На самом деле, целью Господа было уничтожить эго Махабали, который во всех остальных отношениях был великим преданным. Согласно «Бхагаватам», Махабали получает особенное место в мире Суталы, куда он отправляется вместе со своим прославленным дедом Прахладой, одним из величайших преданных Господа. Сам Господь обещает остаться в этом прекрасном мире в качестве привратника Махабали. Суть этой притчи в том, что Господь благословляет Своего преданного, разрушая его эго, и помогает ему достичь высшего состояния. Говорят, что Махабали попросил у Господа разрешения раз в год посещать своих подданных, и Онам – тот день, когда он это делает. Согласно легенде, Махабали был великим царем, во время правления которого все были равны и процветали, и в день Онама народ Кералы вспоминает это золотое время. Особый праздник, связанный с именем Махабали, существует только в индийском штате Керала. В «Бхагаватам» не упоминается просьба Махабали ежегодно посещать своих преданных.

«Махабхарата» – древнеиндийская эпическая поэма. Авторство приписывается мудрецу Вьясе. Это великий трактат, посвященный *дхарме* и духовности. В основе эпоса лежит повествование о конфликте между Пандавами и Кауравами и великой битве на Курукшетре.

Махатма (Великая Душа). Когда Амма употребляет слово *Махатма*, она подразумевает человека, достигшего Самореализации.

Онам – главный праздник Кералы. Отмечается в первый месяц малаялийского календарного года. Это праздник нового года и урожая. В этот день все люди независимо от положения в обществе, вероисповедания и благосостояния, радуются и устраивают торжества, надевают новую одежду и вкушают особые блюда. Онам знаменует ежегодное возвращение духа мифического царя Махабали в его царство.

Пада-пуджа – поклонение стопам Бога, Гуру или святого. Как стопы поддерживают тело, так Принцип Гуру поддерживает высшую Истину. Таким образом, стопы Гуру олицетворяют высшую Истину.

Пайасам – сладкий рисовый пудинг.

Прарабдха (обязанности, бремя) – плоды действий, совершенных в этой и прошлых жизнях, которые проявляются в этой жизни.

Пуджа (поклонение) – священный ритуал; обряд поклонения Богу.

Радха – одна из *гопи*, преданных Кришне. Среди всех *гопи* она была ближе всех к Кришне. Являет пример самой высокой и чистой любви к Богу.

Рама (даритель радости) – Божественный герой эпоса «Рамаяны»; воплощение Господа Вишну. Считается идеалом *дхармы* и добродетели.

«Рамаяна» (Жизнь Рамы) – древнеиндийская эпическая поэма. Авторство приписывается мудрецу Вальмики. Повествует о жизни Рамы, воплощения Вишну. Значительная часть произведения посвящена описанию того, как супруга Рамы, Сита, была похищена и увезена на Шри-Ланку царем демонов Раваной, и как она была спасена Рамой и его преданными, включая великого преданного Ханумана.

Раху – одна из *наваграх* (девяти планет ведической астрологии). Раху – восходящий лунный узел. В индуистской мифологии Раху – змей, проглатывающий Солнце и Луну и вызывающий затмения.

Риши – провидец, достигший Самореализации. Обычно употребляется для обозначения семи мудрецов Древней Индии – просветленных, которые могли «видеть» высшую Истину.

Сабаримала – центр паломничества в Керале, где находится знаменитый храм, посвященный Господу Айаппану.

Самадхи – состояние глубокого сосредоточения, в котором все мысли затихают, ум погружается в абсолютный покой, когда остается только чистое Сознание; пребывание в *Атмане* (высшем «Я»). Описывается как состояние, в котором воспринимающий, восприятие и воспринимаемое едины.

Самсара – повторяющийся цикл рождения, смерти и нового рождения.

Самскара – имеет два значения: совокупность отпечатавшихся в уме впечатлений этой и предыдущих жизней, которые оказывают влияние на человека – его натуру, поступки, умонастроение и т.д.; пробуждение в человеке правильного понимания (знания), приводящее к его совершенствованию.

Санатана-дхарма (вечная религия; вечный принцип) – традиционное название индуизма.

Санкальпа – волеизъявление. *Санкальпа* обычного человека не всегда приносит соответствующие плоды, а *санкальпа* человека, достигшего Самореализации, всегда приносит тот результат, на который она нацелена.

Санньясин (санньясини) – монах (монахиня); человек, давший обет отречения от мира; в соответствии с традицией носит одежду цвета охры, что символизирует сожжение всех привязанностей.

Сатсанг (*сат* – истина, бытие; *санга* – общение) – пребывание в обществе святых, мудрых и добродетельных. Также духовная беседа мудреца или ученого.

Сева – бескорыстное служение.

Сита – супруга Рамы. Считается совершенным образцом добродетельной женщины.

Тапас (жар) – самодисциплина, аскеза, самопожертвование; духовная практика, в результате которой сжигается умственная грязь.

Тапасви – тот, кто совершает *тапас*.

Упанишады («упанишад» – «сидеть у ног учителя», «то, что разрушает неведение») – произведения, составляющие завершающую часть Вед; в них излагается философия Веданты.

Шри Лалита Сахасранама – священный текст, состоящий из 1000 имен Божественной Матери, который декламируется. Каждое имя – это мантра.

Юдхиштхира – старший из пяти братьев-Пандавов. Был царем Хастинапуры и Индрапрастхи. Славился благочестием.

Юга – век или эра. Существует четыре *юги: сатья,* или *крита-юга* (золотой век); *трета-юга; двапара-юга* и *кали-юга* (темный век). В настоящее время мы живем в *кали-югу.* Считается, что *юги* сменяют друг друга практически бесконечно.

www.ingramcontent.com/pod-product-compliance
Lightning Source LLC
LaVergne TN
LVHW051551080426
835510LV00020B/2941